AF290456

Respektvolle Arbeitswelt

Mobbing verstehen und erfolgreich bekämpfen

Impressum

Bibliografische Information der Deutschen Nationalbibliothek: Die Deutsche Nationalbibliothek verzeichnet diese Publikation in der Deutschen Nationalbibliografie; detaillierte bibliografische Daten sind im Internet über dnb.dnb.de abrufbar.

Die automatisierte Analyse des Werkes, um daraus Informationen insbesondere über Muster, Trends und Korrelationen gemäß §44b UrhG („Text und Data Mining") zu gewinnen, ist untersagt.

© 2025 Bianca Weyand

Verlag: BoD · Books on Demand GmbH, In de Tarpen 42, 22848 Norderstedt, bod@bod.de

Druck: Libri Plureos GmbH, Friedensallee 273, 22763 Hamburg

ISBN: 978-3-8482-2674-0

Inhaltsverzeichnis

Einleitung

Einleitung

In der heutigen Arbeitswelt, die durch ständigen Wandel, zunehmenden Leistungsdruck und ein immer höheres Maß an Konkurrenz geprägt ist, rückt ein Thema zunehmend in den Fokus von Unternehmen, Führungskräften und Mitarbeitenden: Mobbing. Dieses komplexe Phänomen hat nicht nur gravierende Auswirkungen auf das individuelle Wohlbefinden der betroffenen Personen, sondern kann auch erhebliche wirtschaftliche Schäden für die Unternehmen nach sich ziehen. Es ist daher unerlässlich, sich intensiv mit der Thematik des Mobbings im Unternehmenskontext auseinanderzusetzen und die Relevanz dieses Problems für die moderne Arbeitswelt herauszustellen.

Mobbing wird häufig als ein schleichender Prozess beschrieben, der sich über einen längeren Zeitraum erstreckt und durch systematische, wiederholte Angriffe auf eine Person gekennzeichnet ist. Diese Angriffe können in unterschiedlichster Form auftreten – sei es verbal durch herabsetzende Kommentare, nonverbal durch ausgrenzendes Verhalten oder sogar physisch durch direkte Übergriffe. Die Folgen dieser Angriffe sind häufig verheerend: Sie führen zu erheblichem psychischen und physischen Stress für die Betroffenen, der sich in Symptomen wie

Angstzuständen, Depressionen oder psychosomatischen Erkrankungen äußern kann. Es ist entscheidend, Mobbing klar von anderen Konflikten abzugrenzen, sei es von Meinungsverschiedenheiten oder einmaligen Auseinandersetzungen. Während letztere in der Regel lösbar sind und oft zu einer positiven Veränderung führen können, ist Mobbing ein destruktiver Prozess, der darauf abzielt, die betroffene Person systematisch zu isolieren, zu erniedrigen und in ihrer Integrität zu verletzen.

Die Bedeutung dieser Thematik wird durch eine Vielzahl statistischer Daten untermauert, die das Ausmaß von Mobbing in Unternehmen verdeutlichen. Laut aktuellen Studien sind bis zu 20 % der Arbeitnehmer in verschiedenen Branchen mindestens einmal in ihrer Karriere von Mobbing betroffen. Diese Zahlen sind alarmierend und unterstreichen die Dringlichkeit, mit der Unternehmen und Organisationen handeln müssen. Die Folgen von Mobbing sind nicht nur auf das Individuum beschränkt, sondern beeinflussen auch das gesamte Betriebsklima. Erhöhte Fehlzeiten, eine Verringerung der Arbeitsmotivation und eine Abnahme der Produktivität sind nur einige der negativen Konsequenzen, die sich aus Mobbing ergeben können. Die finanziellen Kosten, die Unternehmen durch Mobbing entstehen, sind enorm und können sogar existenzbedrohende Dimensionen annehmen. Neben direkten Kosten wie Krankheitsausfällen und Fluktuation resultieren auch indirekte Kosten, wie etwa ein negatives Betriebsklima, eine sinkende Mitarbeiterzufriedenheit und der Verlust wertvoller Fachkräfte.

In den folgenden Kapiteln werden wir die verschiedenen Facetten von Mobbing im Unternehmenskontext eingehend analysieren. Wir werden untersuchen, welche Faktoren Mobbing begünstigen, welche Präventions- und Interventionsmöglichkeiten es gibt und wie Unternehmen eine Kultur des Respekts und der Wertschätzung schaffen können, um Mobbing aktiv entgegenzuwirken. Dabei werden wir auch auf die Rolle der Führungskräfte eingehen, die eine entscheidende Funktion bei der Schaffung eines positiven Arbeitsumfeldes innehaben. Unser Ziel ist es, nicht nur das Bewusstsein für diese Problematik zu schärfen, sondern auch konkrete Handlungsempfehlungen zu geben, die Unternehmen dabei unterstützen, Mobbing zu erkennen, zu verhindern und zu bekämpfen. Denn letztlich ist es nicht nur eine Frage der Menschlichkeit, sondern auch eine entscheidende betriebswirtschaftliche Herausforderung, die es zu bewältigen gilt, um eine

gesunde, produktive und positive Arbeitsumgebung
für alle Mitarbeitenden zu gewährleisten.

Kapitel 1: Die Dynamik von Mobbing

Mobbing ist ein komplexes und vielschichtiges Phänomen, das in der heutigen Arbeitswelt ein ernstes Problem darstellt. In diesem Kapitel werden wir die Dynamik von Mobbing eingehend untersuchen, indem wir die Ursachen und Abläufe beleuchten und die psychologischen Mechanismen analysieren, die diesem schädlichen Verhalten zugrunde liegen. Wir werden uns dabei auf individuelle, soziale und organisationale Faktoren konzentrieren, die Mobbing begünstigen, sowie auf die verschiedenen Phasen, die Mobbing durchläuft, und die Rollen von Macht und Kontrolle in diesem Prozess.

Ursachen von Mobbing: Individuelle, soziale und organisationale Faktoren

Die Ursachen von Mobbing sind so vielfältig wie die Kontexte, in denen es auftritt. Um das Phänomen umfassend zu verstehen, ist es wichtig, die unterschiedlichen Ebenen zu betrachten, auf denen Mobbing entsteht. Diese lassen sich grob in individuelle, soziale und organisationale Faktoren unterteilen, die jeweils miteinander verbunden sind und sich gegenseitig beeinflussen können.

Individuelle Faktoren

Auf individueller Ebene gibt es eine Vielzahl von Persönlichkeitsmerkmalen und Verhaltensweisen, die das Risiko erhöhen können, Opfer von Mobbing zu werden. Zu den häufigsten Faktoren gehören:

- **Geringes Selbstwertgefühl:** Personen, die ein schwaches Selbstwertgefühl haben, neigen dazu, sich selbst als weniger wertvoll wahrzunehmen. Dies kann dazu führen, dass sie sich nicht wehren, wenn sie angegriffen werden, was sie zu leichten Zielen für Mobber macht. Ein geringes Selbstwertgefühl kann auch dazu führen, dass Betroffene soziale Rückzüge machen, wodurch sie noch isolierter und anfälliger für Mobbing werden.

- **Soziale Ängste:** Menschen, die unter sozialen Ängsten leiden, fühlen sich häufig unwohl in sozialen Situationen und haben Schwierigkeiten, Kontakt zu anderen herzustellen oder aufrechtzuerhalten. Diese Unsicherheiten können dazu führen, dass sie sich abseits der Gruppeninteraktionen halten, was sie anfälliger für Mobbing macht, da sie nicht die notwendigen sozialen Netzwerke zur Unterstützung aufbauen können.

- **Mangelnde Durchsetzungsfähigkeit:** Personen, die Schwierigkeiten haben, ihre eigenen Bedürfnisse und Grenzen klar zu kommunizieren, sind oft überfordert, wenn es darum geht, sich gegen aggressive oder mobbende Kollegen zu behaupten. Diese mangelnde Durchsetzungsfähigkeit kann aus verschiedenen Gründen resultieren, unter anderem aus mangelnder Erfahrung, sozialer Unsicherheit oder auch aus einem tief verwurzelten Bedürfnis, Konflikte zu vermeiden.

- **Hohe Empfindlichkeit gegenüber Kritik:** Menschen, die besonders sensibel auf Kritik reagieren, können schnell emotional verletzt werden. Diese Empfindlichkeit kann dazu führen, dass sie sich von den Angriffen ihrer Peiniger stärker betroffen fühlen, was die negativen Auswirkungen von Mobbing verstärkt und ihre Fähigkeit, damit umzugehen, weiter verringert.

Auf der anderen Seite gibt es auch Merkmale, die häufig bei Tätern von Mobbing beobachtet werden:

- **Narzißmus:** Narzisstische Persönlichkeiten neigen dazu, sich selbst über andere zu stellen und ein übersteigertes Bedürfnis nach Bewunderung zu haben. Diese Haltung kann dazu führen, dass sie andere herabsetzen, um sich selbst zu erhöhen.

- **Machiavellismus:** Personen mit machiavellistischen Zügen sind oft manipulativ und nutzen andere zu ihrem eigenen Vorteil aus. Sie können gezielt die Schwächen anderer ausnutzen, um Macht und Kontrolle zu gewinnen.

- **Aggressive Grundhaltung:** Menschen mit einer aggressiven Grundhaltung sind eher geneigt, Konflikte auf konfrontative Weise zu lösen. Dies kann sich in verbalem oder physischem Mobbing äußern.

Soziale Faktoren

Soziale Dynamiken spielen eine zentrale Rolle bei der Entstehung von Mobbing. Innerhalb von Teams oder Abteilungen können verschiedene soziale Mechanismen dazu führen, dass Mobbing gedeiht:

- **Gruppenzwang:** In vielen Arbeitsumfeldern gibt es den Druck, sich an die Normen und Erwartungen der Gruppe anzupassen. Wer aus dieser Norm herausfällt, kann schnell zum Ziel von Mobbing werden, da die Gruppe oft versucht, „Abweichler" zu disziplinieren oder auszuschließen.

- **Cliquenbildung:** In vielen Büros bilden sich schnell kleine Gruppen oder Cliquen, die sich gegenseitig unterstützen und schützen. Personen, die nicht zu diesen Gruppen gehören oder die als Außenseiter wahrgenommen werden, können leicht ins Visier von Mobbern geraten, da sie nicht über die sozialen Ressourcen verfügen, um sich zu verteidigen.

- **Soziale Ausgrenzung:** In einem Umfeld, in dem soziale Zugehörigkeit über den Erfolg entscheidet, können Personen, die anders sind oder nicht den Erwartungen entsprechen, schnell stigmatisiert werden. Diese Ausgrenzung verstärkt das Gefühl der Isolation und der Hilflosigkeit bei den Opfern, während sie gleichzeitig die Täter ermutigt, weiterhin zu mobben.

Diese sozialen Mechanismen wirken oft im Verborgenen und können die Opfer in ihrer Wahrnehmung der Realität und ihrer sozialen Fähigkeiten stark beeinträchtigen. Die daraus resultierende Isolation kann die psychologischen Belastungen verstärken und die Wahrscheinlichkeit erhöhen, dass Mobbing einen ernsthaften Einfluss auf die psychische Gesundheit der Betroffenen hat.

Organisationale Faktoren

Auf der höchsten Ebene, der organisationalen Ebene, spielen die Unternehmenskultur, Führungsstile und strukturellen Gegebenheiten eine entscheidende Rolle bei der Entstehung von Mobbing. Zu den wichtigsten Faktoren gehören:

- **Unternehmenskultur:** Eine Kultur, die Wettbewerb und Leistung über Zusammenarbeit und Respekt stellt, kann ein fruchtbarer Boden für Mobbing sein. In solchen Umgebungen wird oft ein Klima der Angst und Unsicherheit geschaffen, in dem Mitarbeiter sich nicht sicher fühlen, ihre Meinungen zu äußern oder Unterstützung zu suchen. Dies kann dazu führen, dass Mitarbeiter, die bereits unter Druck stehen, zusätzliche Angriffe von Kollegen erleiden, anstatt Unterstützung zu finden.

- **Führungsstile:** Der Führungsstil eines Unternehmens hat großen Einfluss auf das Verhalten der Mitarbeiter. Autoritäre oder despotische Führungsstile können ein Klima schaffen, in dem Mobbing toleriert oder sogar gefördert wird. Wenn Mitarbeiter beobachten, dass aggressives Verhalten belohnt oder ignoriert wird, sind sie eher geneigt, selbst in ähnlicher Weise zu handeln.

- **Unklare Hierarchien:** In Organisationen mit unklaren Hierarchien kann es zu Machtkämpfen und Rivalitäten kommen. Diese Unsicherheiten können dazu führen, dass Mitarbeiter versuchen, ihre Position durch Mobbing anderer zu sichern. Unklare Verantwortlichkeiten und unzureichende Konfliktlösungsmechanismen können zudem dazu beitragen, dass Mobbing nicht rechtzeitig erkannt und gestoppt wird.

- **Fehlende Richtlinien:** Wenn es keine klaren Richtlinien zur Bekämpfung von Mobbing gibt, fühlen sich Mitarbeiter oft unsicher in Bezug auf die Vorgehensweise, wenn sie selbst oder andere gemobbt werden. Das Fehlen von Schulungen und Sensibilisierungsmaßnahmen kann dazu führen, dass die Auswirkungen von Mobbing unterschätzt werden und die Betroffenen sich allein gelassen fühlen.

Zusammenfassend lässt sich sagen, dass Mobbing ein vielschichtiges Problem ist, das sowohl individuelle

Schwächen als auch soziale und organisationale Dynamiken in den Fokus rückt. Ein umfassendes Verständnis dieser Faktoren ist entscheidend, um wirksame Strategien zur Prävention und Intervention zu entwickeln, die sowohl die psychologischen Bedürfnisse der Betroffenen als auch die strukturellen Gegebenheiten der Organisation berücksichtigen.

Abläufe und Phasen: Wie Mobbing entsteht und sich entwickelt

Mobbing ist ein Prozess, der sich in mehreren Phasen entfalten kann. Das Verständnis dieser Phasen ist entscheidend, um rechtzeitig intervenieren und dem Mobbing entgegenwirken zu können.

1. Phase der Provokation:

Die erste Phase des Mobbings, die als **Phase der Provokation** bezeichnet wird, ist von entscheidender Bedeutung, da sie den Beginn eines schleichenden und oft schwer erkennbaren Prozesses markiert. In dieser Phase werden die ersten Anzeichen von Konflikten oder Spannungen sichtbar, die sich potenziell zu Mobbing entwickeln können. Hier sind die zentralen Aspekte dieser Phase im Detail:

1. Auslöser von Konflikten

In der Regel wird die Phase der Provokation durch spezifische Ereignisse oder Veränderungen

angestoßen, die als Auslöser für negative
Interaktionen dienen können. Diese Auslöser können
vielfältig sein:

- **Meinungsverschiedenheiten:** In einem
  Team können unterschiedliche Ansichten über
  Projekte, Arbeitsmethoden oder Ziele zu
  Spannungen führen. Eine einmalige
  Auseinandersetzung kann bei bestimmten
  Individuen als Gelegenheit wahrgenommen
  werden, um andere herabzusetzen oder zu
  schikanieren.

- **Persönliche Konflikte:** Manchmal sind es
  persönliche Differenzen oder Antipathien
  zwischen einzelnen Mitarbeitern, die in dieser
  Phase sichtbar werden. Diese persönlichen
  Konflikte können durch vergangene
  Erfahrungen oder Missverständnisse bedingt
  sein und sich in einem feindlichen Verhalten
  äußern.

- **Veränderungen in der
  Arbeitsplatzdynamik:** Veränderungen wie
  neue Teammitglieder, Umstrukturierungen
  oder Führungswechsel können Unsicherheit
  und Angst hervorrufen. Diese Veränderungen
  können dazu führen, dass bestehende
  Spannungen verstärkt werden und ein oder

mehrere Personen ins Visier genommen werden.

2. Wahrnehmung der Auslöser

Die Reaktion der betroffenen Personen auf die Auslöser spielt eine entscheidende Rolle in dieser Phase. Während einige Mitarbeiter Konflikte als normale Teil des Arbeitslebens betrachten und in der Lage sind, konstruktiv damit umzugehen, können andere die Situation überdramatisieren oder als Bedrohung wahrnehmen. Diese unterschiedliche Wahrnehmung kann folgende Aspekte umfassen:

- **Empfindlichkeit gegenüber Kritik:** Personen, die sehr empfindlich auf Kritik reagieren, empfinden selbst harmlose Anmerkungen als persönlichen Angriff. Dieses Empfinden kann dazu führen, dass sie sich angegriffen fühlen und defensiv oder zurückgezogen reagieren.

- **Selbstwertgefühl:** Mitarbeiter mit einem schwachen Selbstwertgefühl sind möglicherweise besonders anfällig für Provokationen. Sie könnten sich schnell angegriffen fühlen und die Konfrontation in einem negativen Licht sehen, wodurch die Situation an Schärfe gewinnen kann.

3. Erste Angriffe

Mit dem Eintreten der Provokation kann es zu ersten, subtilen Angriffen kommen, die oft noch im Rahmen des sozialen Miteinanders akzeptiert werden. Diese Angriffe sind häufig nicht offensichtlich und können sich in verschiedenen Formen äußern:

- **Spöttische Kommentare:** Was als harmloser Scherz gemeint ist, kann für das Opfer verletzend sein. Diese Kommentare sind häufig nicht direkt beleidigend, sondern spielen auf Schwächen oder Unzulänglichkeiten an, was die Situation schwer greifbar macht.

- **Blickkontakte und Körpersprache:** Auch nonverbale Kommunikation kann in dieser Phase eine Rolle spielen. Abwertende Blicke, Augenrollen oder abweisende Körpersprache können subtil, aber effektiv sein, um das Opfer zu isolieren und zu signalisieren, dass es nicht akzeptiert wird.

- **Soziale Ausgrenzung:** In dieser Phase kann auch eine erste Form der sozialen Ausgrenzung beginnen. Das Opfer wird beispielsweise nicht mehr in Gespräche einbezogen oder bewusst über Informationen ausgeschlossen, was zu einem Gefühl der Isolation führt.

4. Die Dynamik der Provokation

Die Provokation in dieser ersten Phase ist oft von einer gewissen Dynamik geprägt, die sich im Laufe der Zeit verstärken kann. Wenn die Angriffe nicht angesprochen oder gestoppt werden, können sie sich weiter intensivieren und verfestigen:

- **Normalisierung des Verhaltens:** Wenn die ersten Angriffe toleriert oder ignoriert werden, kann dies dazu führen, dass das mobbende Verhalten als normal angesehen wird. Die Täter fühlen sich ermutigt, aggressiver vorzugehen, während die Opfer sich zunehmend zurückziehen.

- **Entstehung von Unterstützungsgruppen:** In dieser Phase kann sich eine Gruppenmentalität entwickeln, in der andere Mitarbeiter sich entweder aktiv am Mobbing beteiligen oder passiv zuschauen. Die Solidarisierung unter den Mobbern kann die Isolation des Opfers verstärken und den Druck erhöhen.

Die Phase der Provokation ist eine kritische Phase, die oft unterschätzt wird, da die Ersten Angriffe scheinbar harmlos sind. Doch gerade hier wird der Grundstein für die spätere Eskalation von Mobbing gelegt. Die Wahrnehmung von Konflikten, die Reaktionen der Betroffenen und das soziale Umfeld spielen eine entscheidende Rolle dabei, ob aus einer harmlosen Meinungsverschiedenheit systematische Angriffe werden. Ein frühzeitiges Erkennen und Ansprechen dieser subtilen Dynamiken ist entscheidend, um die Eskalation von Mobbing zu verhindern und ein gesundes Arbeitsumfeld zu fördern.

2. Phase der Eskalation:

In der **zweiten Phase des Mobbings**, der Phase der Intensivierung, nehmen die Angriffe auf das Opfer an Häufigkeit und Intensität zu. Diese Phase ist besonders alarmierend, da sie oft zu einem ernsthaften psychologischen und emotionalen Schaden bei den betroffenen Personen führt. Hier sind die zentralen Merkmale dieser Phase im Detail:

Wiederholte und gezielte Angriffe

In dieser Phase beginnen die Täter, systematisch und gezielt gegen das Opfer vorzugehen. Die Angriffe sind nicht mehr isoliert, sondern werden zu einem regelmäßigen Teil der Interaktionen am Arbeitsplatz. Die Angriffe können verschiedene Formen annehmen:

- **Verbale Angriffe:** Diese können in Form von Beleidigungen, sarkastischen Bemerkungen oder herabsetzenden Kommentaren erfolgen. Oft werden die Angriffe gezielt auf persönliche Schwächen oder Unsicherheiten des Opfers ausgerichtet, um maximalen emotionalen Schaden zu verursachen.

- **Nonverbale Angriffe:** Neben verbalen Attacken spielt auch die nonverbale Kommunikation eine große Rolle. Abwertende Blicke, abweisende Gesten oder das Ignorieren des Opfers während Gruppengesprächen können die Auswirkungen des Mobbings verstärken und das Gefühl der Isolation verstärken. Diese subtilen Formen des Mobbings sind oft schwerer nachzuweisen, wirken aber umso verheerender.

Verbreitung von Gerüchten

Gerüchte spielen in dieser Phase eine bedeutende Rolle, da sie dazu dienen, das Bild des Opfers in den Augen anderer zu verzerren. Diese Gerüchte können eine Vielzahl von Themen umfassen:

- **Falsche Informationen:** Die Täter verbreiten möglicherweise falsche Informationen über das Opfer, um seinen Ruf zu schädigen. Dies kann beispielsweise die Unterstellung von

Unprofessionalität oder Unzuverlässigkeit umfassen.

- **Persönliche Angriffe:** Oft werden auch persönliche Informationen, die das Opfer betreffen, gegen es verwendet. Dies kann zu einer weiteren Stigmatisierung führen, da das Opfer nicht nur von den Mobbern, sondern auch von anderen Mitarbeitern beurteilt wird.

- **Soziale Isolation durch Gerüchte:** Die Verbreitung von Gerüchten trägt zur sozialen Ausgrenzung des Opfers bei. Die Kollegen könnten sich von dem Opfer distanzieren, aus Angst, ebenfalls Ziel von Angriffen zu werden oder um nicht mit dem „schlechten Ruf" des Opfers in Verbindung gebracht zu werden.

Offene Feindlichkeit

Mit der Intensivierung des Mobbings wird die feindliche Haltung gegenüber dem Opfer immer offensichtlicher. Diese offene Feindlichkeit kann sich in verschiedenen Verhaltensweisen äußern:

- **Aktive Ausgrenzung:** Kollegen könnten das Opfer bewusst von Gesprächen oder Gruppenaktivitäten ausschließen. Diese bewusste Isolation verstärkt das Gefühl der Einsamkeit und Hilflosigkeit des Opfers.

- **Schikanen am Arbeitsplatz:** Zu den offenen feindlichen Handlungen zählen auch Schikanen, wie das absichtliche Verbreiten von Falschinformationen über die Arbeitsleistung des Opfers, das Stören seiner Arbeit oder das Übergehen bei Entscheidungen.

- **Aggressive Konfrontationen:** In einigen Fällen können auch direkte, aggressive Konfrontationen auftreten. Diese können von verbalen Auseinandersetzungen bis hin zu körperlichen Drohungen reichen, was das Arbeitsumfeld für das Opfer unerträglich macht.

Emotionale Auswirkungen auf die Opfer

In dieser Phase sind die emotionalen und psychologischen Auswirkungen auf die betroffenen Personen erheblich. Das Opfer fühlt sich zunehmend isoliert, hilflos und unter Druck. Zu den häufigsten emotionalen Reaktionen gehören:

- **Einsamkeit und Isolation:** Das Gefühl, von den Kollegen ausgeschlossen zu sein, führt zu einer tiefen Einsamkeit. Diese Isolation kann das Selbstwertgefühl des Opfers weiter untergraben und es in einen Teufelskreis von Selbstzweifeln und Angst stürzen.

- **Angst und Stress:** Die ständige Bedrohung durch Angriffe verursacht erheblichen Stress und Angstzustände. Die Opfer haben oft das Gefühl, dass sie ständig auf der Hut sein müssen, was zu einer erhöhten psychischen Belastung führt.

- **Depression:** Langfristige Mobbing-Erfahrungen können zu schweren Depressionen führen. Die Betroffenen fühlen sich oft machtlos, da sie glauben, dass sich die Situation niemals ändern wird.

Der Kreislauf der Intensivierung

Die Phase der Intensivierung ist häufig von einem Kreislauf geprägt, der sich selbst verstärkt. Wenn die Angriffe zunehmen und das Opfer sich isoliert fühlt, kann dies zu einem Rückzug führen, was die Mobber ermutigt, weiterzumachen. Diese Dynamik kann dazu führen, dass das Opfer in einen Zustand chronischer Angst und Depression gerät.

Die Phase der Intensivierung ist eine kritische Phase im Mobbingprozess, die oft zu ernsthaften psychologischen Folgen für die betroffenen Personen führt. Die wiederholten, gezielten Angriffe, die Verbreitung von Gerüchten und die offene Feindlichkeit schaffen ein feindliches Arbeitsumfeld, in dem sich das Opfer zunehmend isoliert und hilflos fühlt. Ein frühzeitiges Erkennen dieser Dynamiken ist entscheidend, um geeignete Maßnahmen zur Intervention und Unterstützung der Opfer zu ergreifen, bevor die Situation eskaliert und zu irreversiblen Schäden führt.

3. Phase der Stagnation:

Die **dritte Phase des Mobbings** ist durch eine gewisse Stabilität und Routine im Mobbingprozess gekennzeichnet. In dieser Phase haben sowohl die Täter als auch die Opfer eine Art Gewöhnung an die Situation erreicht, was zu tiefgreifenden emotionalen und psychologischen Auswirkungen führt. Hier sind die zentralen Merkmale dieser Phase im Detail:

Routine der Angriffe

In dieser Phase haben die Täter oft eine Struktur und Regelmäßigkeit in ihren Angriffen entwickelt. Dies zeigt sich in verschiedenen Aspekten:

- **Vorhersehbarkeit der Angriffe:** Die Angriffe erfolgen in einem vorhersehbaren Muster, was bedeutet, dass die Opfer genau wissen, wann und wie sie angegriffen werden. Diese Vorhersehbarkeit kann den psychischen Druck erhöhen, da das Opfer ständig in Alarmbereitschaft ist.

- **Kollektives Verhalten:** Die Täter agieren oft als Gruppe, was die Angriffe verstärkt. Es kann eine Art "mobben als Team"-Mentalität entstehen, bei der die Täter sich gegenseitig bestärken und ermutigen, das Opfer weiter zu schikanieren. Dies führt zu einer verstärkten Isolation des Opfers, da es sich gegen eine Gruppe von Menschen behaupten muss.

Emotionale Resignation

Die kontinuierlichen Angriffe und die erlebte Isolation führen häufig zu einem Zustand der emotionalen Resignation bei den Opfern. Diese Resignation äußert sich in mehreren Aspekten:

- **Aufgabe der Hoffnung:** Die Opfer verlieren oft die Hoffnung, dass sich die Situation verbessern könnte. Sie können das Gefühl entwickeln, dass sie in ihrer Rolle als Mobbingopfer gefangen sind, und resignieren, anstatt zu versuchen, die Situation zu ändern.

- **Selbstwertgefühl:** Das ständige Mobbing untergräbt das Selbstwertgefühl der Opfer erheblich. Sie beginnen, sich selbst als minderwertig oder wertlos zu empfinden, was die psychische Belastung weiter verstärkt und zu einem Kreislauf von Selbstzweifeln führt.

- **Internalisierung der Angriffe:** In dieser Phase neigen viele Opfer dazu, die negativen Botschaften, die sie durch die Angriffe erhalten, zu internalisieren. Sie glauben schließlich, dass die Angriffe wahr sind, was ihre Resignation weiter verstärkt.

Psychischer und emotionaler Stress

Die emotionalen und psychologischen Auswirkungen des Mobbings erreichen in dieser Phase oft ihren Höhepunkt. Der Stress, unter dem die Opfer leiden, kann sich auf verschiedene Weisen manifestieren:

- **Chronische Angstzustände:** Die ständige Bedrohung durch Mobbing führt zu anhaltenden Angstzuständen. Die Opfer sind möglicherweise in einem ständigen Zustand der Nervosität und Angst, was sich negativ auf ihre Konzentration und Leistungsfähigkeit auswirkt.

- **Depression:** Die Resignation und die ständigen Angriffe können zu klinischen Depressionen führen. Betroffene haben oft das Gefühl, dass sie keine Kontrolle über ihr Leben haben, was zu einem tiefen Gefühl der Traurigkeit und Hoffnungslosigkeit führt.

- **Körperliche Symptome:** Psychischer Stress
  kann auch körperliche Symptome hervorrufen,
  wie Schlafstörungen, Kopfschmerzen,
  Magenbeschwerden und andere
  psychosomatische Beschwerden. Diese
  körperlichen Symptome verstärken die
  Belastung und können zu einem Teufelskreis
  führen, in dem die Gesundheit der Betroffenen
  weiter leidet.

Schwierigkeiten bei der Veränderung

In dieser Phase wird es für die betroffenen Personen
oft sehr schwierig, Veränderungen herbeizuführen.
Die Gründe dafür sind vielfältig:

- **Fehlende Unterstützung:** Oft fühlen sich die
  Opfer in ihrer Situation allein und glauben,
  dass niemand ihre Situation versteht oder
  helfen kann. Diese Einsamkeit verstärkt das
  Gefühl der Hilflosigkeit.

- **Angst vor weiteren Repressalien:** Die
  Furcht, dass eine Anzeige oder das Sprechen
  über das Mobbing zu noch schlimmeren
  Angriffen führen könnte, hält viele Opfer davon
  ab, Hilfe zu suchen oder sich zu wehren.

- **Verlust von Motivation und Energie:** Die
  permanente Belastung und der emotionale

Stress rauben den Opfern oft die Energie, aktiv gegen das Mobbing vorzugehen. Sie fühlen sich ausgelaugt und sind möglicherweise nicht in der Lage, die notwendigen Schritte zur Verbesserung ihrer Situation zu unternehmen.

Der Kreislauf des Mobbings

Diese Phase kann sich zu einem gefährlichen Kreislauf entwickeln, der schwer zu durchbrechen ist. Die Routine der Angriffe stabilisiert sich, und die Opfer verlieren zunehmend die Fähigkeit, sich zu wehren oder Hilfe zu suchen. Diese Dynamik führt oft dazu, dass Mobbing über längere Zeiträume anhält und die psychischen und physischen Gesundheit der Betroffenen ernsthaft gefährdet wird.

Die dritte Phase des Mobbings ist geprägt von einer Stabilität, die sowohl für die Täter als auch für die Opfer problematisch ist. Während die Täter sich in ihren Angriffen etablieren, resignieren die Opfer häufig und verlieren die Hoffnung auf Veränderung. Der psychische und emotionale Stress erreicht in dieser Phase oft seinen Höhepunkt, was die Situation für die Betroffenen unerträglich macht. Ein frühzeitiges Eingreifen, Unterstützung und Sensibilisierung für die Problematik sind entscheidend, um die Opfer aus diesem Kreislauf zu befreien, bevor die Folgen dauerhaft werden.

4. Phase der Intervention:

Die **vierte Phase des Mobbings** ist ein entscheidender Wendepunkt im Mobbingprozess, in dem das Mobbing erkannt wird und Maßnahmen ergriffen werden, um das Problem zu beheben. Diese Phase ist oft geprägt von einer Vielzahl von Reaktionen, sowohl von den Opfern als auch von den Tätern, und erfordert ein aktives Eingreifen von Führungskräften und der Organisation. Hier sind die zentralen Merkmale dieser Phase im Detail:

Erkennung des Mobbings

Der erste Schritt in dieser Phase ist die **Erkennung und Anerkennung** des Mobbings durch die Verantwortlichen. Dies kann auf verschiedene Weise geschehen:

- **Berichte von Opfern:** Oftmals kommen die betroffenen Mitarbeiter selbst mit ihren Erfahrungen und Beschwerden an die Führungskräfte oder die Personalabteilung. Hier ist es wichtig, dass diese Berichte ernst genommen und nicht als „normaler" Büroalltag abgetan werden.

- **Beobachtungen von Kollegen:** Manchmal sind es auch andere Mitarbeiter, die die Mobbing-Dynamik bemerken und darauf aufmerksam machen. Dies kann in Form von informellen Gesprächen oder offiziellen Meldungen geschehen.

- **Regelmäßige Mitarbeitergespräche:** Unternehmen, die eine Kultur der offenen Kommunikation pflegen, können durch regelmäßige Feedbackgespräche und Umfragen die Problematik frühzeitig identifizieren.

- **Zufriedenheitserhebungen:** Anonyme Umfragen können genutzt werden, um die allgemeine Stimmung im Team zu erfassen und etwaige Probleme im Bereich Mobbing zu identifizieren.

Maßnahmen zur Intervention

Sobald das Mobbing erkannt wurde, sind gezielte Interventionen erforderlich. Diese können vielfältig sein und sollten je nach Situation angepasst werden:

- **Interne Richtlinien:** Die Einführung oder Überarbeitung von klaren Richtlinien gegen Mobbing ist essenziell. Diese Richtlinien sollten festlegen, was als Mobbing gilt, welche Schritte unternommen werden können und welche Konsequenzen drohen.

- **Schulungen und Sensibilisierungsmaßnahmen:** Workshops

und Trainings, die sich mit dem Thema
Mobbing befassen, können helfen, das
Bewusstsein für dieses Problem zu schärfen.
Hierbei sollten sowohl Führungskräfte als auch
Mitarbeiter geschult werden, um ein
gemeinsames Verständnis zu entwickeln.

- **Einrichtung von Anlaufstellen:** Die
  Schaffung von vertraulichen Anlaufstellen, sei
  es durch die Personalabteilung oder externe
  Berater, kann den Opfern helfen, ihre Situation
  zu besprechen und Unterstützung zu erhalten.

- **Mediation:** In einigen Fällen kann eine
  Mediation zwischen den beteiligten Parteien
  sinnvoll sein, um Konflikte direkt und
  konstruktiv zu klären.

Unternehmenskultur und Führungsverhalten

Der Erfolg der Interventionen hängt stark von
der **Unternehmenskultur** und
dem **Führungsverhalten** ab:

- **Offene Kommunikation:** Eine
  Unternehmenskultur, die offene
  Kommunikation und Feedback fördert, ist
  entscheidend. Mitarbeiter sollten sich sicher
  fühlen, ihre Bedenken zu äußern, ohne Angst
  vor negativen Konsequenzen zu haben.

- **Vorbildfunktion der Führungskräfte:** Führungskräfte müssen als Vorbilder agieren und aktiv gegen Mobbing vorgehen. Ihr Engagement ist entscheidend, um das Thema ernst zu nehmen und Vertrauen bei den Mitarbeitern aufzubauen.

- **Null-Toleranz-Politik:** Eine klare Null-Toleranz-Politik gegenüber Mobbing kann helfen, eine Atmosphäre zu schaffen, in der Mobbing nicht toleriert wird. Diese Haltung sollte konsequent durchgesetzt werden.

Auswirkungen der Intervention

Die Maßnahmen zur Bekämpfung von Mobbing können sowohl kurzfristige als auch langfristige Auswirkungen haben:

- **Rehabilitierung der Opfer:** Die ersten positiven Ergebnisse zeigen sich oft in der Unterstützung der betroffenen Mitarbeiter. Wenn sie sehen, dass ihre Anliegen ernst genommen werden, kann dies zu einer Wiederherstellung ihres Selbstwertgefühls und ihrer psychischen Gesundheit führen.

- **Verhaltensänderungen bei den Tätern:** Die Täter müssen die Konsequenzen ihres Verhaltens erkennen. Je nach Schwere der

Vorfälle können dies Gespräche, Schulungen
oder sogar disziplinarische Maßnahmen sein.

- **Stärkung des Teamgeists:** Durch die
  Bearbeitung des Mobbing-Problems kann das
  gesamte Team gestärkt werden. Ein
  respektvolles und unterstützendes
  Arbeitsumfeld trägt dazu bei, die
  Zusammenarbeit und die Leistung zu
  verbessern.

Nachhaltige Prävention

Nach der Intervention ist es wichtig, dass
Unternehmen Maßnahmen zur **nachhaltigen
Prävention** ergreifen, um Mobbing in Zukunft zu
verhindern:

- **Regelmäßige Evaluation der
  Richtlinien:** Die Wirksamkeit der
  eingeführten Maßnahmen sollte regelmäßig
  überprüft und gegebenenfalls angepasst
  werden.

- **Langfristige
  Schulungsprogramme:** Kontinuierliche
  Schulungen und Workshops können helfen, das
  Bewusstsein für Mobbing zu schärfen und eine
  respektvolle Unternehmenskultur
  aufrechtzuerhalten.

- **Feedbackkultur:** Eine Kultur, die auf regelmäßiges Feedback setzt, hilft dabei, Probleme frühzeitig zu erkennen und anzugehen, bevor sie eskalieren.

Die vierte Phase des Mobbings ist entscheidend für die Lösung des Problems und erfordert ein aktives Engagement von Führungskräften und der gesamten Organisation. Die Erkennung und Intervention können sowohl für die betroffenen Mitarbeiter als auch für das gesamte Arbeitsumfeld von großer Bedeutung sein. Der Erfolg hängt stark von der Unternehmenskultur, der Bereitschaft zur Veränderung und der konsequenten Umsetzung der Maßnahmen ab. Eine proaktive Herangehensweise kann helfen, Mobbing zu bekämpfen und ein respektvolles, unterstützendes Arbeitsumfeld zu fördern.

5. Phase der Aufarbeitung:
Die **fünfte Phase des Mobbings** ist entscheidend für die langfristige Stabilität und Gesundheit der Organisation sowie für das Wohlbefinden der betroffenen Mitarbeiter. Diese Phase konzentriert sich auf die **Evaluation der Auswirkungen** des Mobbings und die **Implementierung von Maßnahmen**, um ein positives Arbeitsklima

wiederherzustellen. Die wichtigsten Aspekte dieser Phase sind:

Evaluation der Auswirkungen

Die erste Aufgabe in dieser Phase besteht darin, die Auswirkungen des Mobbings sowohl auf die betroffene Person als auch auf die Organisation zu evaluieren. Dies kann in mehreren Schritten erfolgen:

- **Gespräche mit den Opfern:** Individuelle Gespräche mit den betroffenen Mitarbeitern helfen dabei, ihre Erfahrungen und Gefühle zu verstehen. Hierbei sollten Fragen zu körperlichen, emotionalen und psychischen Auswirkungen gestellt werden. Es ist wichtig, dass die Gespräche einfühlsam und vertraulich geführt werden.

- **Analyse der Teamdynamik:** Eine Untersuchung der Auswirkungen auf das gesamte Team ist ebenfalls notwendig. Mobbing kann nicht nur die Opfer, sondern auch das Arbeitsklima und die Teamdynamik erheblich beeinflussen. Hierbei können Beobachtungen und Feedback von anderen Teammitgliedern wertvolle Informationen liefern.

- **Leistungsbewertung:** Die Auswirkungen auf die Arbeitsleistung und die Produktivität der betroffenen Mitarbeiter sowie des Teams sollten analysiert werden. Hierbei können Leistungskennzahlen, Abwesenheitsraten oder Fluktuationsraten herangezogen werden.

- **Psychologische Unterstützung:** Eine Evaluation kann auch die psychische Gesundheit der betroffenen Personen umfassen, wobei gegebenenfalls externe Fachleute wie Psychologen oder Therapeuten einbezogen werden sollten, um den emotionalen Zustand der Opfer zu bewerten.

Maßnahmen zur Unterstützung der Opfer

Auf Grundlage der Evaluation sollten gezielte Maßnahmen zur Unterstützung der Opfer ergriffen werden:

- **Psychologische Unterstützung:** Die Bereitstellung von psychologischer Hilfe, wie Beratung oder Therapie, kann für die betroffenen Mitarbeiter von großer Bedeutung sein. Hierbei sollte die Organisation den Zugang zu entsprechenden Ressourcen erleichtern.

- **Coaching und Mentoring:** Ein individuelles Coaching- oder Mentoring-Programm kann den Opfern helfen, ihr Selbstbewusstsein wiederherzustellen und die Fähigkeiten zur Bewältigung von Stress und Konflikten zu verbessern.

- **Schutzmaßnahmen:** Um die Sicherheit und das Wohlbefinden der Betroffenen zu gewährleisten, können Schutzmaßnahmen ergriffen werden, z.B. durch Änderungen in der Teamstruktur oder durch die Zuweisung neuer Aufgaben.

Wiederherstellung eines positiven Arbeitsklimas

Die Wiederherstellung eines positiven und respektvollen Arbeitsumfeldes ist eine zentrale Aufgabe in dieser Phase:

- **Teamentwicklung:** Teambuilding-Maßnahmen können helfen, das Vertrauen innerhalb des Teams wieder aufzubauen und die Zusammenarbeit zu fördern. Diese Maßnahmen sollten darauf abzielen, die Kommunikation und den Austausch unter den Mitarbeitern zu stärken.

- **Sensibilisierung der Mitarbeiter:** Schulungen zur Sensibilisierung für Mobbing und zu den Auswirkungen von Diskriminierung und Belästigung sollten durchgeführt werden. Ziel ist es, ein gemeinsames Verständnis für ein respektvolles Miteinander zu schaffen.

- **Feedback und offene Kommunikation:** Die Förderung einer offenen Feedbackkultur ist entscheidend. Mitarbeiter sollten ermutigt werden, ihre Erfahrungen zu teilen und Probleme frühzeitig zu kommunizieren, um das Risiko von Mobbing in Zukunft zu minimieren.

Prävention künftiger Vorfälle

Ein zentrales Ziel dieser Phase ist es, sicherzustellen, dass ähnliche Vorfälle in der Zukunft verhindert werden:

- **Überprüfung der Richtlinien:** Unternehmen sollten ihre bestehenden Anti-Mobbing-Richtlinien und Verfahren überprüfen und aktualisieren, um sicherzustellen, dass sie wirksam sind und den aktuellen Bedürfnissen entsprechen.

- **Regelmäßige Schulungen:** Die Implementierung regelmäßiger Schulungen und Workshops zu den Themen Mobbing, Kommunikation und Teamarbeit kann dazu

beitragen, das Bewusstsein zu schärfen und
eine respektvolle Unternehmenskultur zu
fördern.

- **Monitoring und Feedback:** Die Einrichtung
  von Mechanismen zur kontinuierlichen
  Überwachung des Arbeitsklimas sowie zur
  regelmäßigen Einholung von Feedback kann
  helfen, potenzielle Probleme frühzeitig zu
  erkennen und anzugehen.

Langfristige Folgen und Reflexion

Die letzten Schritte dieser Phase sollten auch eine
Reflexion über die langfristigen Folgen des Mobbings
beinhalten:

- **Dokumentation und
  Berichterstattung:** Eine umfassende
  Dokumentation der Vorfälle, der
  durchgeführten Maßnahmen und der
  Ergebnisse kann hilfreich sein, um Muster zu
  erkennen und zukünftige Strategien zu
  entwickeln.

- **Kulturelle Veränderung:** Die Erkenntnisse
  aus der Evaluation sollten genutzt werden, um
  eine nachhaltige kulturelle Veränderung
  innerhalb der Organisation zu fördern, die auf

Respekt, Unterstützung und Zusammenarbeit basiert.

- **Führungskräfteentwicklung:** Führungskräfte sollten darin geschult werden, ein positives Arbeitsumfeld zu fördern und die Verantwortung für das Wohlbefinden ihrer Mitarbeiter zu übernehmen. Dies kann durch spezielle Trainingsprogramme oder Coaching erfolgen.

Die fünfte Phase des Mobbings ist entscheidend für die Heilung der betroffenen Mitarbeiter und die Wiederherstellung eines positiven Arbeitsklimas. Durch eine gründliche Evaluation der Auswirkungen, gezielte Unterstützungsmaßnahmen und präventive Strategien kann die Organisation nicht nur die bestehenden Probleme lösen, sondern auch sicherstellen, dass Mobbing in Zukunft nicht mehr auftritt. Der Prozess erfordert Engagement, Sensibilität und die Bereitschaft zur Veränderung auf allen Ebenen der Organisation.

Psychologische Mechanismen: Die Rolle von Macht und Kontrolle

Ein zentrales Element der Dynamik von Mobbing sind die psychologischen Mechanismen, die Macht und Kontrolle betreffen. Mobbing ist oft ein Machtspiel, bei dem Täter versuchen, Kontrolle über ihre Opfer zu gewinnen. Dies kann durch verschiedene Strategien geschehen, die darauf abzielen, das Selbstwertgefühl der betroffenen Person zu untergraben und deren soziale Position zu schwächen.

Machtmissbrauch:

Mobbing ist ein komplexes Phänomen, das oft tief in den sozialen und hierarchischen Strukturen einer Organisation verwurzelt ist. Ein zentrales Element, das Mobbing begünstigt, ist der **Machtmissbrauch**. Dieser Begriff beschreibt die missbräuchliche Ausübung von Einfluss oder Kontrolle, um andere zu belästigen, zu unterdrücken oder herabzusetzen. In der Dynamik von Mobbing zeigt sich dieser Machtmissbrauch auf verschiedene Weisen und kann sich sowohl von Führungskräften als auch von gleichgestellten Mitarbeitenden manifestieren.

Die Mechanismen des Machtmissbrauchs

Machtmissbrauch im Kontext von Mobbing kann auf verschiedene Arten und Weisen erfolgen:

- **Hierarchische Macht:** Personen in Führungspositionen haben oft einen erheblichen Einfluss auf die Arbeitsbedingungen ihrer Untergebenen. Sie können ihre Macht nutzen, um Entscheidungen zu treffen, die anderen schaden oder sie unter Druck setzen. Zum Beispiel könnte ein Vorgesetzter willkürlich Aufgaben verteilen, die dazu führen, dass ein Mitarbeiter überlastet wird, während andere weniger belastet sind. Dies kann dazu führen, dass der betroffene Mitarbeiter sich überfordert und wertlos fühlt.

- **Soziale Macht:** Auch gleichgestellte Mitarbeitende können Macht über andere ausüben, indem sie soziale Netzwerke, Einfluss oder Gruppenzugehörigkeit nutzen. Hierbei können Exklusion, Gerüchte oder gezielte Isolation eingesetzt werden, um das Opfer zu schikanieren. Solche Taktiken können besonders schädlich sein, da sie oft subtiler sind und sich in alltäglichen Interaktionen verstecken.

- **Emotionale Manipulation:** Täter können auch emotionale Manipulationstechniken anwenden, um Kontrolle über ihre Opfer zu gewinnen. Dazu gehören beispielsweise Gaslighting, bei dem das Opfer dazu gebracht

wird, an seiner eigenen Wahrnehmung der
Realität zu zweifeln, oder das Auslösen von
Schuldgefühlen, um das Opfer in eine
unterlegene Position zu bringen. Diese Formen
des Machtmissbrauchs sind oft schwer zu
erkennen, da sie den Anschein erwecken, als
ob das Opfer für die Probleme verantwortlich
ist.

Kontrollverlust:

Opfer von Mobbing erleben häufig einen tiefen Verlust
an Kontrolle über ihre eigene Situation, was zu einer
Vielzahl von emotionalen und psychologischen
Herausforderungen führt. Dieser Kontrollverlust ist
ein zentrales Merkmal des Mobbing und trägt
maßgeblich zur Entstehung von Hilflosigkeit und
Ohnmacht bei.

Die wiederholten Angriffe, die Mobbingopfer erleiden,
können in Form von verbalen Beleidigungen, sozialer
Isolation, gezielter Ausgrenzung oder sogar physischer
Aggression auftreten. Diese ständigen Übergriffe
erzeugen ein Gefühl der Bedrohung und des
Unbehagens, das sich im Alltag manifestiert. Opfer
haben oft das Gefühl, dass sie in ihrer Umgebung
permanent auf der Hut sein müssen, was zu einem

anhaltenden Zustand der Anspannung und des Stresses führt.

Dieser permanente Druck führt dazu, dass die Betroffenen das Gefühl haben, ihre Reaktionen und Entscheidungen nicht mehr selbst steuern zu können. Die Kontrolle, die sie über ihr eigenes Leben und ihre sozialen Beziehungen hatten, wird durch die aggressive Dynamik des Mobbings stark eingeschränkt. Die ständige Angst vor weiteren Angriffen und die Ungewissheit über den nächsten Schritt des Täters tragen dazu bei, dass sich Betroffene zunehmend machtlos fühlen.

Ein weiterer Aspekt des Kontrollverlusts ist die Isolation, die oft mit Mobbing einhergeht. Mobbingopfer werden häufig von ihren Kollegen ausgeschlossen oder gemobbt, was zu einem Verlust von sozialen Unterstützungsnetzwerken führt. Diese Isolation verstärkt das Gefühl der Ohnmacht und lässt die Betroffenen glauben, dass sie niemanden haben, an den sie sich wenden können.

Die soziale Abgeschottung führt dazu, dass die Opfer sich nicht nur von ihren Peinigern, sondern auch von anderen Menschen in ihrem Umfeld entfremden. Sie ziehen sich zurück, vermeiden soziale Interaktionen und verlieren das Vertrauen in andere. Diese Einsamkeit kann das Gefühl der Hilflosigkeit weiter verstärken, da die Betroffenen das Gefühl haben, dass es keinen Ausweg aus ihrer misslichen Lage gibt.

Der Verlust an Kontrolle hat auch schwerwiegende Auswirkungen auf das Selbstwertgefühl der Mobbingopfer. Das ständige Gefühl, angegriffen und abgewertet zu werden, führt dazu, dass die Betroffenen an ihrem eigenen Wert und ihrer Kompetenz zweifeln. Sie entwickeln ein negatives Selbstbild und beginnen, sich selbst als minderwertig oder unzulänglich zu betrachten.

Dieses reduzierte Selbstwertgefühl kann sich in einer Vielzahl von Verhaltensweisen niederschlagen, wie etwa dem Verzicht auf berufliche Chancen, der Vermeidung von Herausforderungen oder dem Rückzug aus sozialen Situationen. Die Opfer fühlen sich oft unfähig, sich zu behaupten oder für sich selbst einzutreten, was den Kreislauf des Mobbings weiter verstärkt. Je mehr sie sich zurückziehen, desto weniger Kontrolle haben sie über ihre Situation, und desto mehr Macht gewinnen die Mobber.

Der Verlust an Kontrolle führt häufig zu einer Abwärtsspirale, die es den Opfern erschwert, sich aus der Mobbingsituation zu befreien. Diese Spirale ist geprägt von einem Teufelskreis von Hilflosigkeit und Isolation. Je mehr die Opfer das Gefühl haben, dass sie die Kontrolle über ihre Situation verloren haben, desto weniger Handlungsfähigkeit empfinden sie. Dies kann sich in einem Gefühl der Resignation äußern, bei dem die Betroffenen glauben, dass es keinen Sinn hat, sich gegen das Mobbing zu wehren oder Hilfe zu suchen.

Zusätzlich kann die ständige Belastung durch Mobbing zu ernsthaften psychischen Problemen führen, wie z.B. Depressionen oder Angststörungen. Diese Erkrankungen können die Fähigkeit der Opfer weiter beeinträchtigen, aktiv zu handeln oder Unterstützung zu suchen, was die Situation noch verschärft. Die Betroffenen fühlen sich oft gefangen in einem emotionalen und psychologischen Zustand, aus dem sie nicht entkommen können.

Um den Verlust an Kontrolle zu überwinden, ist es wichtig, dass Mobbingopfer Strategien entwickeln, um ihre Situation zu verbessern. Dies kann durch die Suche nach Unterstützung bei Freunden, Familie oder Fachleuten geschehen, die ihnen helfen können, ihre Erfahrungen zu verarbeiten und neue Perspektiven zu gewinnen.

Zudem können Selbstreflexion und das Erlernen von Bewältigungsmechanismen dazu beitragen, das Selbstwertgefühl der Betroffenen wieder zu stärken. Indem sie lernen, ihre eigenen Bedürfnisse zu erkennen und für sich selbst einzutreten, können sie schrittweise die Kontrolle über ihr Leben zurückgewinnen.

Insgesamt ist der Kontrollverlust, den Mobbingopfer erfahren, ein vielschichtiges Problem, das tiefgreifende Auswirkungen auf ihr emotionales und psychologisches Wohlbefinden hat. Um aus dieser Abwärtsspirale auszubrechen, ist es entscheidend, sowohl individuelle als auch strukturelle Ansätze zur Bekämpfung von Mobbing zu verfolgen.

Psychologische Manipulation:

Psychologische Manipulation ist ein zentrales Element in der Dynamik von Mobbing, das von Tätern genutzt wird, um ihre Opfer weiter zu destabilisieren und zu kontrollieren. Diese Manipulation erfolgt häufig subtil und schleichend, wodurch die Betroffenen oft nicht sofort erkennen, dass sie manipuliert werden. Zu den gängigsten Techniken gehören Gaslighting sowie das gezielte Spielen auf den emotionalen Ängsten und Unsicherheiten der Opfer.

Gaslighting ist eine besonders perfide Form der psychologischen Manipulation, bei der der Täter absichtlich die Wahrnehmung der Realität des Opfers in Frage stellt. Der Begriff stammt ursprünglich aus einem Theaterstück und einem Film, in dem ein Ehemann seine Frau systematisch manipuliert, um sie an ihrem eigenen Verstand zweifeln zu lassen. In einem Mobbingkontext kann dies bedeuten, dass der Täter wiederholt Aussagen macht, die die Wahrnehmung des Opfers in Zweifel ziehen.

Beispiele hierfür sind Aussagen wie „Das hast du dir nur eingebildet" oder „Niemand hat das so gesagt". Durch solche manipulativen Taktiken wird das Opfer veranlasst, an seiner eigenen Erinnerung oder seinen Gefühlen zu zweifeln. Dies kann zu einem tiefen Gefühl der Verwirrung und Unsicherheit führen, da die Betroffenen beginnen, ihre eigene Realität in Frage zu stellen. Im schlimmsten Fall kann Gaslighting zu ernsthaften psychischen Problemen führen, einschließlich Angststörungen und Depressionen, da die Opfer nicht mehr in der Lage sind, ihre eigene Wahrnehmung der Welt zu vertrauen.

Ein weiteres häufig angewandtes Mittel der psychologischen Manipulation ist das gezielte Spielen auf den emotionalen Ängsten und Unsicherheiten der Opfer. Täter nutzen oft die Schwächen ihrer Opfer, um diese weiter zu destabilisieren. Sie können sich der persönlichen Ängste, Unsicherheiten oder Verletzlichkeiten des Opfers bedienen, um es zu erpressen oder emotional zu manipulieren.

Beispielsweise könnte ein Täter herausstellen, dass das Opfer nicht gut genug ist, um in einer bestimmten sozialen Gruppe akzeptiert zu werden, oder dass es keine Freunde hat, die es unterstützen würden. Solche Aussagen können tief in das Selbstwertgefühl des Opfers eindringen und ihm das Gefühl geben, dass es allein und wertlos ist. Die ständige Wiederholung solcher Botschaften führt dazu, dass die Betroffenen zunehmend an sich selbst zweifeln und sich in ihrer emotionalen Stabilität unsicherer fühlen.

Die Kombination aus Gaslighting und dem Ausspielen emotionaler Ängste kann bei den Opfern zu einer tiefen inneren Zerrüttung führen. Diese Zerrüttung äußert sich oft in einem stark verminderten Selbstwertgefühl, einem Gefühl der Hilflosigkeit und einem ständigen Zustand emotionaler Anspannung. Die Betroffenen fühlen sich häufig gefangen in einem Teufelskreis aus Selbstzweifeln und Angst, der sie daran hindert, aus ihrer Situation auszubrechen.

Die ständige psychologische Manipulation kann auch dazu führen, dass die Opfer Schwierigkeiten haben, Beziehungen zu anderen Menschen aufzubauen oder aufrechtzuerhalten. Sie haben möglicherweise Angst vor Ablehnung oder davor, dass ihre Wahrnehmungen und Gefühle erneut in Frage gestellt werden. Diese Isolation kann die psychische Belastung weiter verstärken und die Opfer in einem Zustand ständiger Unsicherheit und Angst zurücklassen.

Die langfristigen Folgen solcher psychologischen
Manipulationen sind oft tiefgreifend. Viele Opfer
berichten von anhaltenden emotionalen Problemen,
die weit über die Mobbingsituation hinausgehen. Sie
können Schwierigkeiten haben, Vertrauen zu anderen
Menschen aufzubauen, und fühlen sich häufig
überfordert von sozialen Interaktionen. Das ständige
Gefühl der Verletzlichkeit und des Mangels an
Kontrolle über die eigene Realität kann zu
chronischen Angstzuständen und Depressionen
führen.

Darüber hinaus kann die Erfahrung von
psychologischer Manipulation das Selbstbild der
Betroffenen nachhaltig schädigen. Die ständige
Infragestellung ihrer eigenen Wahrnehmung und
Gefühle kann dazu führen, dass sie sich als weniger
wertvoll oder fähig empfinden. Dies kann sich sowohl
auf das persönliche als auch auf das berufliche Leben
der Opfer auswirken und dazu führen, dass sie
Chancen im Leben nicht ergreifen oder sich in
sozialen und beruflichen Kontexten zurückziehen.

Um den langfristigen Auswirkungen psychologischer
Manipulation entgegenzuwirken, ist es wichtig, dass
Mobbingopfer Unterstützung suchen und sich mit
ihren Erfahrungen auseinandersetzen. Therapeutische
Interventionen, Selbsthilfegruppen und die Förderung
des Selbstbewusstseins können entscheidende

Schritte sein, um das Selbstwertgefühl der Betroffenen wiederherzustellen und ihnen zu helfen, ihre Wahrnehmung der Realität zurückzugewinnen.

Zudem ist es wichtig, dass das Bewusstsein für psychologische Manipulation und deren Auswirkungen geschärft wird, sowohl in der Gesellschaft als auch in Bildungseinrichtungen. Aufklärung kann dazu beitragen, Mobbing frühzeitig zu erkennen und den Opfern die Unterstützung zukommen zu lassen, die sie benötigen, um aus der manipulativen Dynamik herauszukommen und zu heilen.

Zusammenfassend lässt sich sagen, dass Mobbing ein vielschichtiges Phänomen ist, das aus einem Zusammenspiel individueller, sozialer und organisationaler Faktoren entsteht. Die Abläufe und Phasen, die Mobbing durchläuft, zeigen, wie schnell sich eine scheinbar unbedeutende Situation zu einem ernsthaften Problem entwickeln kann. Schließlich spielen psychologische Mechanismen in Form von Macht und Kontrolle eine entscheidende Rolle in der Dynamik des Mobbings. Ein vertieftes Verständnis dieser Aspekte ist unerlässlich, um effektive Präventions- und Interventionsstrategien zu entwickeln, die sowohl den Opfern als auch den

Organisationen helfen können, Mobbing zu erkennen,
zu verhindern und zu bekämpfen.

Kapitel 2: Auswirkungen auf die Betroffenen

Mobbing ist ein ernsthaftes Problem, das nicht nur die unmittelbaren Opfer, sondern auch das gesamte soziale und berufliche Umfeld beeinflusst. Die Auswirkungen von Mobbing sind vielschichtig und können auf verschiedenen Ebenen spürbar sein. In diesem Kapitel werden die psychischen und physischen Gesundheitsfolgen, die beruflichen Konsequenzen sowie die sozialen Auswirkungen von Mobbing auf die Betroffenen detailliert untersucht.

1. Psychische und physische Gesundheit

Die psychischen Auswirkungen von Mobbing sind besonders gravierend und können schwerwiegende Langzeitfolgen für die Betroffenen haben. Häufige psychische Probleme, die als Reaktion auf Mobbing auftreten, sind:

- **Stress:** Mobbing hat die Fähigkeit, chronischen Stress zu erzeugen, der sich sowohl auf psychischer als auch auf physischer Ebene bemerkbar macht. Die ständige Gefahr von Angriffen, Ausgrenzung oder herabwürdigenden Kommentaren führt bei den Betroffenen zu einem Zustand permanenter

Alarmbereitschaft. Diese dauerhafte Anspannung kann als eine Art ständige innere Unruhe beschrieben werden, die sich in verschiedenen Symptomen äußert.

Viele Opfer berichten von Schlafstörungen, die von Schwierigkeiten beim Einschlafen bis hin zu häufigem Aufwachen in der Nacht reichen. Die Gedanken kreisen oft um die erlebten Mobbing-Situationen, was es den Betroffenen unmöglich macht, zur Ruhe zu kommen. Diese Schlafprobleme wiederum tragen zu einer erheblichen Abnahme der Lebensqualität bei, da sie mit Müdigkeit, Reizbarkeit und verminderter Leistungsfähigkeit im Alltag einhergehen.

Zudem leiden viele Mobbingopfer unter Konzentrationsschwierigkeiten. Die ständige Ablenkung durch den emotionalen Stress und die Angst vor weiteren Übergriffen führt dazu, dass sie sich nur schwer auf ihre Aufgaben konzentrieren können. Diese Schwierigkeiten können sich negativ auf die berufliche Leistung auswirken und den Druck erhöhen, der durch das Mobbing bereits besteht. Die Betroffenen empfinden häufig ein Gefühl der Hilflosigkeit, da sie das Gefühl haben, den Anforderungen

nicht gerecht zu werden, was den Stress weiter
verstärkt.

Ein weiterer Aspekt ist die allgemeine
Abnahme des Wohlbefindens. Die chronische
Belastung durch Mobbing führt nicht nur zu
psychischen Erkrankungen wie Angst und
Depression, sondern wirkt sich auch auf das
körperliche Wohlbefinden aus. Viele Betroffene
klagen über körperliche Beschwerden wie
Kopfschmerzen, Magenprobleme oder
Muskelverspannungen, die durch den Stress
verursacht oder verstärkt werden.

Darüber hinaus hat chronischer Stress
erhebliche Auswirkungen auf das
Immunsystem. Langfristiger Stress führt dazu,
dass der Körper in einen Zustand ständiger
Alarmbereitschaft versetzt wird, was dazu
führt, dass die Produktion von Stresshormonen
wie Cortisol erhöht wird. Diese Hormone
können in hohen Konzentrationen die
Immunabwehr schwächen, wodurch der
Körper anfälliger für Infektionen und andere
Krankheiten wird. Studien haben gezeigt, dass
Menschen, die unter chronischem Stress
leiden, ein höheres Risiko für Erkrankungen
wie Grippe, Erkältungen und sogar schwerere
gesundheitliche Probleme haben.

Insgesamt zeigt sich, dass die Auswirkungen von Mobbing weitreichend sind und sowohl die psychische als auch die physische Gesundheit der Betroffenen stark beeinträchtigen können. Es ist daher von entscheidender Bedeutung, die Mechanismen zu verstehen, durch die Mobbing chronischen Stress erzeugt, um gezielte Unterstützungsmaßnahmen und Interventionen entwickeln zu können, die den Opfern helfen, aus diesem Teufelskreis auszubrechen.

- **Angst:** Viele Opfer von Mobbing entwickeln im Verlauf ihrer Erfahrungen ernsthafte Angststörungen, die sich aus der ständigen Bedrohung durch verbale oder physische Angriffe sowie durch soziale Ausgrenzung ergeben. Dieses permanente Gefühl der Unsicherheit und Angst führt dazu, dass die Betroffenen in einen Zustand übermäßiger Wachsamkeit verfallen. Sie sind ständig auf der Hut, um sich vor möglichen weiteren Übergriffen oder kritischen Blicken ihrer Umgebung zu schützen. Diese ständige Alarmbereitschaft kann sich über kurz oder lang in verschiedenen Lebensbereichen manifestieren, insbesondere in sozialen Situationen und im Berufsalltag.

In sozialen Kontexten sei es bei Treffen mit Freunden, Familienfeiern oder sogar alltäglichen Interaktionen im Supermarkt, empfinden Mobbingopfer häufig eine lähmende Angst. Sie können sich überfordert fühlen, weil sie befürchten, erneut in eine verletzliche Position zu geraten oder von anderen negativ beurteilt zu werden. Diese Ängste können so weit gehen, dass sie bestimmte soziale Situationen vollständig meiden. Ein einfaches Treffen mit Freunden kann zur Herausforderung werden, da die Betroffenen sich fragen, ob sie aufgrund ihrer Erfahrungen mit Mobbing abgelehnt oder verspottet werden könnten. Diese Assoziation von sozialen Interaktionen mit Schmerz und Ablehnung verstärkt die Angst und führt oft zu einer schleichenden Isolation.

Im Berufsalltag kann sich diese übermäßige Wachsamkeit in Form von übersteigertem Sicherheitsbewusstsein äußern. Mobbingopfer könnten beispielsweise ständig besorgt sein, dass Kollegen über sie sprechen oder sie hinter ihrem Rücken kritisieren. Diese ständigen Gedanken an mögliche Bedrohungen können ihre Fähigkeit, sich auf die Arbeit zu konzentrieren, erheblich beeinträchtigen. Sie könnten Schwierigkeiten haben, Meetings beizuwohnen oder in Gruppen zu arbeiten, da die Angst vor negativer Beurteilung oder dem Wiedererleben von Mobbing-Situationen sie hemmt. In schweren Fällen kann dies sogar dazu führen, dass sie sich in ihrem eigenen Büro oder Arbeitsplatz zurückziehen und der Interaktion mit ihren Kollegen aus dem Weg gehen.

Diese tief verwurzelten Ängste können so stark werden, dass sie das tägliche Leben der Betroffenen erheblich beeinträchtigen. Menschen, die unter Angststörungen leiden, berichten häufig von einem ständigen Gefühl der Unruhe, Nervosität und inneren Anspannung, die sich in körperlichen Symptomen wie Herzklopfen, Schwindel oder Atembeschwerden äußern können. Diese körperlichen Reaktionen verstärken ihr Gefühl der Hilflosigkeit und tragen zur Entstehung eines Teufelskreises bei, in dem die Angst vor sozialen Interaktionen zu Vermeidungsverhalten führt.

Vermeidungsverhalten ist eine der häufigsten Bewältigungsstrategien, die Mobbingopfer entwickeln, um mit ihren Ängsten umzugehen. Sie vermeiden gezielt Situationen, in denen sie sich bedroht fühlen könnten, was jedoch langfristig zu einem weiteren Rückzug aus sozialen und beruflichen Lebensbereichen führt. Anstatt sich den Herausforderungen zu stellen, ziehen sie sich zurück und isolieren sich, was die Angst und die damit verbundenen Symptome nur noch verstärkt. Diese Spirale der Vermeidung kann nicht nur die Lebensqualität erheblich mindern, sondern auch die bestehenden psychischen Probleme verschärfen und die Möglichkeit zur Heilung und Genesung erheblich einschränken.

Insgesamt zeigt sich, dass die Entwicklung von Angststörungen als Folge von Mobbing weitreichende und tiefgreifende Auswirkungen auf das Leben der Betroffenen hat. Es ist wichtig, diese komplexen Zusammenhänge zu erkennen und geeignete Unterstützungsmaßnahmen zu implementieren, um den Opfern zu helfen, ihre Ängste zu überwinden und ein erfülltes Leben zu führen.

- **Depression:** Die psychische Belastung, die durch Mobbing entsteht, kann gravierende Auswirkungen auf die emotionale und mentale

Gesundheit der Betroffenen haben und in schweren Depressionen münden. Menschen, die wiederholt Mobbing erfahren, sehen sich oft mit einem tiefen Gefühl der Hilflosigkeit konfrontiert. Sie fühlen sich machtlos, die Situation zu ändern oder sich gegen die Angriffe zur Wehr zu setzen, was zu einem zunehmenden Gefühl der Ohnmacht führt. Diese Hilflosigkeit kann sich auf alle Lebensbereiche auswirken, sodass die Betroffenen das Gefühl haben, keinen Einfluss auf ihr eigenes Leben zu haben.

Zusätzlich zu der Hilflosigkeit empfinden viele Opfer von Mobbing auch eine tiefgreifende Wertlosigkeit. Sie beginnen, sich selbst und ihre Fähigkeiten in Frage zu stellen, was häufig durch die herabwürdigenden Kommentare und das Verhalten ihrer Peiniger verstärkt wird. Diese negativen Selbstwahrnehmungen können dazu führen, dass sie sich von anderen Menschen isolieren, da sie glauben, dass sie nicht genug wert sind, um akzeptiert oder gemocht zu werden. Diese ständige Abwertung des Selbstwertgefühls kann eine Abwärtsspirale auslösen, die die depressive Stimmung weiter verstärkt.

Traurigkeit ist ein weiteres zentrales Gefühl, das viele Betroffene von Mobbing erleben. Diese Traurigkeit kann sich als ständige innere Leere oder als überwältigende Traurigkeit äußern, die selbst in Momenten der Freude oder des Erfolgs präsent bleibt. Die Betroffenen finden es oft schwierig, sich über positive Dinge zu freuen, da die ständige Belastung durch Mobbing ihre Fähigkeit, Glück zu empfinden, stark beeinträchtigt. Diese emotionale Dissonanz kann dazu führen, dass sie sich von Aktivitäten zurückziehen, die ihnen früher Freude bereitet haben, sei es ein Hobby, soziale Interaktionen oder sogar alltägliche Aufgaben.

Die Antriebslosigkeit, die häufig mit Depressionen einhergeht, ist ein weiteres ernstes Symptom, das bei Mobbingopfern auftreten kann. Betroffene haben oft Schwierigkeiten, sich zu motivieren, ihre täglichen Aufgaben zu erledigen, und empfinden eine überwältigende Müdigkeit, die über die körperliche Erschöpfung hinausgeht. Diese Antriebslosigkeit kann nicht nur die berufliche Leistungsfähigkeit beeinträchtigen, sondern auch den Alltag erheblich erschweren, da selbst einfache Dinge wie das Aufstehen aus

dem Bett oder das Zubereiten von Mahlzeiten
zu unüberwindbaren Hürden werden können.

In extremen Fällen können die psychischen
Erkrankungen, die aus Mobbing resultieren, zu
Suizidgedanken oder sogar Suizidversuchen
führen. Die verzweifelten Gefühle der
Hilflosigkeit und Wertlosigkeit können so
überwältigend werden, dass die Betroffenen
glauben, dass es keinen Ausweg aus ihrer
Situation gibt. Die Stigmatisierung und
Isolation, die häufig mit Mobbing einhergehen,
können ebenfalls dazu führen, dass Betroffene
sich nicht in der Lage sehen, Hilfe zu suchen
oder sich anderen anzuvertrauen. Das Fehlen
eines Unterstützungsnetzwerks verstärkt die
Einsamkeit und kann die Gefahr erhöhen, dass
tragische Entscheidungen getroffen werden.

Insgesamt zeigt sich, dass die psychische
Belastung durch Mobbing nicht nur
vorübergehende emotionale Schwierigkeiten
mit sich bringt, sondern zu ernsthaften und
langfristigen psychischen Erkrankungen führen
kann. Es ist von entscheidender Bedeutung,
diese Zusammenhänge zu erkennen und
betroffenen Personen frühzeitig die
notwendige Unterstützung und Hilfe
anzubieten, um ihre psychische Gesundheit zu

schützen und ihnen zu helfen, aus dem
Kreislauf von Mobbing und Depressionen
auszubrechen.

Zusätzlich zu den psychischen Auswirkungen können
auch physische Gesundheitsprobleme auftreten.
Mobbing kann zu somatischen Beschwerden führen,
wie:

- **Kopfschmerzen:** Viele Betroffene von
  Mobbing berichten von häufigen
  Kopfschmerzen oder Migräne, die oft als
  direkte Reaktion auf den emotionalen Stress
  entstehen, den sie durch ihre Erfahrungen
  erleiden. Diese körperlichen Symptome sind
  nicht bloß zufällige Beschwerden, sondern
  stehen in einem engen Zusammenhang mit der
  psychischen Belastung, die Mobbing mit sich
  bringt. Emotionale Stressoren, wie Angst,
  Traurigkeit oder ständige Anspannung, können
  den Körper in einen Zustand erhöhter
  Erregung versetzen, was zu physiologischen
  Reaktionen führt.

  Unter Stress schüttet der Körper Hormone wie
  Adrenalin und Cortisol aus, die als Teil der
  natürlichen „Kampf oder Flucht"-Reaktion
  fungieren. Diese Hormone können jedoch auch

zu einer Verspannung der Muskeln im Nacken-
und Schulterbereich führen, was häufig als
Spannungskopfschmerz wahrgenommen wird.
Darüber hinaus kann der emotionale Stress,
den Mobbingopfer erleben, auch die
Blutgefäße im Gehirn beeinflussen, was
Migräneanfälle auslösen kann. Diese Migränen
gehen oft mit anderen Symptomen einher, wie
Übelkeit, Lichtempfindlichkeit oder einem
verstärkten Bedürfnis, sich in eine ruhige
Umgebung zurückzuziehen.

Die Kopfschmerzen können bei den
Betroffenen stark variieren, sowohl in der
Intensität als auch in der Häufigkeit. Während
einige Personen gelegentliche, milde
Kopfschmerzen erleben, kämpfen andere mit
chronischen, lähmenden Migräneanfällen, die
ihre Lebensqualität erheblich beeinträchtigen.
Diese Beschwerden können die Fähigkeit der
Betroffenen, alltägliche Aufgaben zu bewältigen
– sei es im beruflichen Umfeld oder im
privaten Leben – stark einschränken.

Es ist auch wichtig zu beachten, dass der
Teufelskreis zwischen emotionalem Stress und
körperlichen Symptomen oft verstärkt wird.
Wenn Mobbingopfer unter Kopfschmerzen
oder Migräne leiden, kann dies zu weiterer

Angst und Frustration führen, die wiederum
den emotionalen Stress erhöhen. Diese
Rückkopplungsschleife kann die Symptome
verstärken und zu einem chronischen Zustand
werden, in dem die Betroffenen ständig in
einem Zustand der Anspannung und des
Unwohlseins leben.

Zusätzlich zu den physischen Schmerzen
können Kopfschmerzen und Migräne auch die
sozialen Interaktionen der Betroffenen negativ
beeinflussen. Wenn sie aufgrund von
Schmerzen nicht in der Lage sind, an sozialen
Aktivitäten teilzunehmen oder ihre beruflichen
Verpflichtungen zu erfüllen, kann dies zu einem
weiteren Gefühl der Isolation und Wertlosigkeit
führen. Dies verstärkt nicht nur die
psychischen Belastungen, sondern kann auch
zu einem allgemeinen Rückzug aus sozialen
und beruflichen Lebensbereichen führen.

Insgesamt verdeutlicht die Häufigkeit von
Kopfschmerzen und Migräne bei
Mobbingopfern die komplexe Beziehung
zwischen emotionalem Stress und körperlichen
Beschwerden. Es ist essenziell, diese
Zusammenhänge zu erkennen und betroffenen
Personen umfassende Unterstützung

anzubieten, die sowohl die psychische als auch die physische Gesundheit berücksichtigt.

- **Magen-Darm-Probleme:** Stress und Angst haben nicht nur Auswirkungen auf die mentale und emotionale Gesundheit, sondern können auch erhebliche physische Reaktionen im Verdauungssystem hervorrufen. Viele Menschen, die unter emotionalem Stress leiden, berichten von einer Vielzahl von gastrointestinalen Beschwerden, die ihre Lebensqualität erheblich beeinträchtigen.

Wenn der Körper unter Stress steht, aktiviert das zentrale Nervensystem eine Reihe von physiologischen Reaktionen. Die sogenannten Stresshormone, insbesondere Adrenalin und Cortisol, werden freigesetzt, was den Körper in einen Zustand der Alarmbereitschaft versetzt. Diese hormonellen Veränderungen beeinflussen die Durchblutung und die Funktion des Verdauungssystems. In einer stressigen Situation kann der Körper die Blutversorgung zu den Verdauungsorganen verringern, um mehr Ressourcen für die Muskulatur und andere lebenswichtige Organe bereitzustellen, die für eine schnelle Reaktion auf Bedrohungen nötig sind. Dies kann zu einer

Verlangsamung oder Störung der normalen Verdauungsprozesse führen.

Ein häufiges Symptom, das mit Stress und Angst verbunden ist, ist Übelkeit. Betroffene können ein unangenehmes Gefühl im Magen verspüren, das oft mit einem Drang verbunden ist, sich zu übergeben. Diese Übelkeit kann sowohl akut als auch chronisch auftreten, abhängig von der Intensität des erlebten Stresses. Darüber hinaus berichten viele Menschen von Durchfall, der ebenfalls eine direkte Reaktion des Verdauungssystems auf erhöhten Stress ist. Der Körper kann in stressigen Situationen dazu neigen, die Nahrungsaufnahme zu beschleunigen, was zu einem unvollständigen Verdauungsprozess führt und den Stuhlgang flüssiger macht.

Neben Übelkeit und Durchfall können auch andere gastrointestinale Beschwerden auftreten, wie Blähungen, Bauchschmerzen oder -krämpfe. Diese Symptome können sehr unangenehm sein und das Wohlbefinden der Betroffenen erheblich beeinträchtigen. Viele erleben eine ständige Unruhe im Magen, die durch die emotionale Belastung verstärkt wird. Die Angst vor möglichen sozialen oder beruflichen Situationen, in denen diese

Beschwerden auftreten könnten, kann wiederum zu einem Teufelskreis führen, in dem die Betroffenen sich weiter zurückziehen und isolieren, was den emotionalen Stress und die damit verbundenen körperlichen Symptome noch verstärkt.

Darüber hinaus können chronische gastrointestinalen Probleme, die durch Stress ausgelöst werden, zu ernsthaften Gesundheitsproblemen führen. Langfristiger Stress kann beispielsweise das Risiko für das Reizdarmsyndrom (IBS) erhöhen, eine Erkrankung, die mit anhaltenden Bauchschmerzen, Blähungen und wechselndem Stuhlgang einhergeht. Dies kann die Lebensqualität der Betroffenen weiter beeinträchtigen und sie in einen Zustand der ständigen Sorge und Unsicherheit versetzen.

Es ist wichtig, die Wechselwirkungen zwischen emotionalem Stress und dem Verdauungssystem zu erkennen, um betroffenen Personen effektive Strategien zur Bewältigung ihrer Symptome anzubieten. Dazu gehören nicht nur therapeutische Ansätze zur Reduzierung von Stress und Angst, sondern auch eine gesunde Ernährung und regelmäßige Bewegung, die beide das Verdauungssystem positiv beeinflussen können. Ein ganzheitlicher Ansatz, der sowohl die psychische als auch die physische Gesundheit berücksichtigt, ist entscheidend, um die Lebensqualität der Betroffenen zu verbessern und ihnen zu helfen, aus dem Kreislauf von Stress und gastrointestinalen Beschwerden auszubrechen.

- **Kardiovaskuläre Erkrankungen:** Langfristiger Stress hat sich als ein bedeutender Risikofaktor für die Entwicklung von Herz-Kreislauf-Erkrankungen etabliert. Diese Erkrankungen umfassen eine Vielzahl von Problemen, die das Herz und die Blutgefäße betreffen, darunter Bluthochdruck, Herzinfarkte, Schlaganfälle und andere schwerwiegende kardiovaskuläre Zustände. Wenn der Körper über längere Zeiträume hinweg Stress ausgesetzt ist, reagiert er mit einer Reihe von physiologischen Veränderungen, die sich negativ auf das Herz-Kreislauf-System auswirken können.

Eine der zentralen Reaktionen des Körpers auf Stress ist die Erhöhung des Blutdrucks. Stresshormone wie Adrenalin und Cortisol führen dazu, dass das Herz schneller schlägt und die Blutgefäße sich verengen, um den Blutfluss zu den lebenswichtigen Organen zu erhöhen. Während diese Reaktionen in akuten Stresssituationen nützlich sein können, wird es problematisch, wenn der Körper kontinuierlich in diesem Zustand der Alarmbereitschaft bleibt. Chronisch erhöhter Blutdruck, auch bekannt als Hypertonie, kann die Blutgefäße schädigen und das Risiko für ernsthafte Erkrankungen wie Herzinfarkte und Schlaganfälle signifikant erhöhen.

Darüber hinaus kann chronischer Stress auch die Entstehung von Entzündungsprozessen im Körper fördern. Stress führt zu einer Überproduktion von bestimmten Zytokinen, die entzündliche Reaktionen hervorrufen. Diese Entzündungen können die Arterienwände schädigen, was zu Arteriosklerose, einer Verhärtung und Verengung der Arterien, führen kann. Dies erhöht nicht nur das Risiko für Herz-Kreislauf-Erkrankungen, sondern kann auch die allgemeine Durchblutung beeinträchtigen und zu einer Vielzahl anderer gesundheitlicher Probleme führen.

Im Kontext von Mobbing wird die chronische Belastung durch psychosozialen Stress noch relevanter. Menschen, die unter Mobbing leiden, sind häufig über einen langen Zeitraum hinweg emotionalen und psychischen Belastungen ausgesetzt. Diese ständige Anspannung kann zu einem anhaltenden Zustand von Angst und Depression führen, der nicht nur das allgemeine Wohlbefinden beeinträchtigt, sondern auch die körperliche Gesundheit. Studien zeigen, dass Menschen, die Mobbing am Arbeitsplatz oder in sozialen Umfeldern erleben, ein signifikant höheres Risiko für kardiovaskuläre Erkrankungen aufweisen. Die psychischen Belastungen, die mit Mobbing einhergehen, können die Stressreaktionen im Körper verstärken, was die oben genannten physiologischen Veränderungen weiter vorantreibt.

Zusätzlich zu den direkten physiologischen Auswirkungen kann Mobbing auch das Verhalten der Betroffenen beeinflussen. Menschen, die unter chronischem Stress leiden, neigen dazu, ungesunde Bewältigungsmechanismen zu entwickeln, wie z. B. übermäßiges Essen, Alkohol- oder Tabakkonsum. Diese Verhaltensweisen können das Risiko für Herz-Kreislauf-Erkrankungen zusätzlich erhöhen und die gesundheitlichen Folgen von Mobbing verstärken.

Insgesamt ist es entscheidend, die langfristigen gesundheitlichen Folgen von Stress und insbesondere von Mobbing zu verstehen. Die Verbindung zwischen chronischem Stress und Herz-Kreislauf-Erkrankungen ist komplex und erfordert eine umfassende Betrachtung der physischen, emotionalen und verhaltensbezogenen Aspekte. Eine frühzeitige Intervention und Unterstützung für Mobbingopfer können entscheidend dazu beitragen, die Risiken für schwerwiegende Gesundheitsprobleme zu reduzieren und die Lebensqualität der Betroffenen nachhaltig zu verbessern.

2. Berufliche Auswirkungen

Die Auswirkungen von Mobbing sind im beruflichen Kontext nicht nur spürbar, sondern wirken sich auch nachhaltig auf die Lebensqualität und die berufliche Zukunft der Betroffenen aus. Die Konsequenzen, die sich aus Mobbing am Arbeitsplatz ergeben, sind vielfältig und können erhebliche Folgen für die Leistungsfähigkeit und Karriere der Betroffenen haben.

Leistungsabfall

Ein zentrales Merkmal von Mobbing ist der signifikante Leistungsabfall bei den betroffenen Mitarbeitern. Wenn jemand Mobbing ausgesetzt ist, wird er häufig von ständigen Gedanken und Sorgen über die feindseligen Interaktionen abgelenkt. Diese psychische Belastung kann die Fähigkeit, sich zu konzentrieren und produktiv zu arbeiten, erheblich beeinträchtigen. Die Angst vor weiteren Angriffen oder dem Gefühl, ständig unter Beobachtung zu stehen, führt dazu, dass die betroffenen Personen Schwierigkeiten haben, ihre Aufgaben zu erfüllen. Die Qualität der geleisteten Arbeit leidet, was sich in Form von Fehlern, vergessenen Aufgaben oder unzureichend ausgeführten Projekten äußern kann. Diese Abnahme der Produktivität hat nicht nur unmittelbare Auswirkungen auf die Karriereentwicklung, sondern kann auch das Ansehen des Mitarbeiters im Unternehmen schädigen. Ein dauerhaftes Leistungsdefizit kann dazu führen, dass Vorgesetzte und Kollegen das Vertrauen in die Fähigkeiten des Betroffenen verlieren, was letztlich zu verpassten Beförderungen oder anderen beruflichen Möglichkeiten führen kann.

Fehltage

Ein weiteres gravierendes Problem, das durch
Mobbing entsteht, ist die erhöhte Anzahl an
krankheitsbedingten Fehltagen. Die psychischen und
physischen Gesundheitsprobleme, die infolge von
Mobbing auftreten, können zu Stress, Angstzuständen,
Depressionen oder sogar psychosomatischen
Erkrankungen führen. Viele Betroffene fühlen sich
gezwungen, aufgrund ihrer schlechten mentalen
Verfassung oder durch körperliche Symptome wie
Schlaflosigkeit oder chronische Schmerzen zu Hause
zu bleiben. Die Häufigkeit und Dauer dieser Fehltage
können stark variieren: Einige Mitarbeiter nehmen nur
gelegentlich Urlaubstage, während andere aufgrund
schwerwiegender gesundheitlicher Probleme längere
Zeit arbeitsunfähig sind. Diese Abwesenheiten stellen
nicht nur eine erhebliche Belastung für die
betroffenen Mitarbeiter dar, sondern auch für die
gesamte Organisation. Die Abwesenheit eines
Mitarbeiters kann zu einem erhöhten Arbeitsaufwand
für die verbleibenden Kollegen führen, was
zusätzlichen Druck und Stress erzeugt. Oft entsteht
ein Teufelskreis, in dem die Betroffenen durch den
Druck, der durch häufige Abwesenheit entsteht, noch
stärker unter Stress leiden, wodurch sich ihre Situation
weiter verschlechtert.

Kündigungen

In besonders extremen Fällen kann Mobbing dazu führen, dass betroffene Mitarbeiter ihre Arbeitsstelle kündigen. Oft geschieht dies aus einem tiefen Gefühl der Ohnmacht und des Ausgeliefertseins, wenn die Situation als unerträglich empfunden wird und eine Rückkehr zur Normalität nicht mehr als möglich erscheint. Der Entschluss, zu kündigen, wird häufig als letzter Ausweg betrachtet, um der psychischen Belastung und dem untragbaren Arbeitsumfeld zu entkommen. Allerdings hat eine Kündigung weitreichende finanzielle und berufliche Konsequenzen. Der Verlust des Arbeitsplatzes kann zu einer erheblichen wirtschaftlichen Unsicherheit führen, da die Betroffenen möglicherweise Schwierigkeiten haben, eine neue Anstellung zu finden, insbesondere wenn sie aufgrund ihrer Erfahrungen beim Mobbing an Selbstvertrauen verlieren. Zudem kann die Kündigung zu einem Gefühl der Stigmatisierung und Isolation führen, da die Betroffenen oft das Gefühl haben, dass sie aufgrund ihrer Situation von ehemaligen Kollegen und dem sozialen Umfeld beurteilt werden. Diese weiteren psychischen Belastungen können die Probleme, die durch das Mobbing verursacht wurden, noch verstärken und den Heilungsprozess erheblich erschweren.

Insgesamt ist es entscheidend, die weitreichenden und tiefgreifenden Folgen von Mobbing im beruflichen Kontext zu verstehen. Die Auswirkungen sind nicht nur kurzfristig, sondern können langfristige Konsequenzen für die Gesundheit, das Wohlbefinden und die Karriere der Betroffenen haben. Ein proaktiver Umgang mit Mobbing, sei es durch Präventionsmaßnahmen oder durch Unterstützung für die Betroffenen, ist unerlässlich, um die negativen Folgen zu minimieren und ein gesundes, respektvolles Arbeitsumfeld zu fördern.

Soziale Auswirkungen

Die sozialen Auswirkungen von Mobbing sind tiefgreifend und betreffen nicht nur die unmittelbar Betroffenen, sondern auch deren Umfeld, einschließlich Kollegen, Familienmitglieder und Freunde. Diese Auswirkungen manifestieren sich in verschiedenen Formen und können langfristige Folgen für die zwischenmenschlichen Beziehungen und die allgemeine Lebensqualität der Betroffenen haben.

Beziehungen im Team

Mobbing hat oft verheerende Auswirkungen auf die Beziehungen innerhalb eines Teams oder einer Gruppe. Wenn Mobbing im Arbeitsumfeld auftritt, entstehen häufig Spannungen, die die Teamdynamik stark belasten. Die betroffenen Personen fühlen sich nicht nur isoliert, sondern auch von ihren Kollegen entfremdet. Dies führt dazu, dass die Kommunikation innerhalb des Teams leidet; offene Gespräche und der Austausch von Informationen werden erschwert, da das Vertrauen zwischen den Teammitgliedern bröckelt. In einem vergifteten Arbeitsklima neigen Mitarbeiter dazu, sich weniger zu unterstützen und zu kooperieren, was die Teamleistung insgesamt beeinträchtigt.

Darüber hinaus kann es zu offenen Konflikten kommen, die nicht nur die betroffenen Personen, sondern auch Unbeteiligte in Mitleidenschaft ziehen. Diese Konflikte können sich in Form von Gerüchten, Missverständnissen und einer allgemeinen negativen Einstellung innerhalb des Teams äußern. Ein Verlust an Teamgeist ist die Folge, was die Zusammenarbeit und die Erreichung gemeinsamer Ziele erheblich erschwert. Langfristig kann dies zu einer hohen Fluktuation von Mitarbeitern führen, da die Unzufriedenheit im Team zunimmt und talentierte Mitarbeiter möglicherweise das Unternehmen verlassen, um in einem gesünderen Umfeld zu arbeiten.

Isolation

Ein weiteres gravierendes Problem, das durch Mobbing entsteht, ist die soziale Isolation der betroffenen Mitarbeiter. Immer wieder ziehen sich Mobbingopfer aus Angst vor weiteren Angriffen oder aus Scham und Verzweiflung von ihren Kollegen zurück. Dieser Rückzug kann sowohl physischer als auch emotionaler Natur sein. Physisch bedeutet das oft, dass Betroffene Meetings meiden, sich in Pausenzeiten isolieren oder die Interaktion mit Kollegen stark minimieren. Diese Verhaltensänderungen haben zur Folge, dass sie wichtige soziale Kontakte verlieren und sich noch weiter isoliert fühlen.

Emotionale Isolation hingegen äußert sich in einem tiefen Gefühl der Einsamkeit und des Missmuts. Mobbingopfer empfinden oft eine innere Leere und eine Überwältigung durch negative Gedanken, was dazu führt, dass sie weniger Unterstützung suchen oder erhalten. Diese Einsamkeit kann die psychischen Probleme, wie Depressionen oder Angstzustände, weiter verschärfen. Betroffene könnten das Gefühl haben, dass niemand ihre Situation versteht oder dass sie als „schwächlich" wahrgenommen werden, was sie zusätzlich davon abhält, Hilfe zu suchen. Die Isolation verstärkt somit den Teufelskreis von Mobbing und psychischer Belastung, der für die Betroffenen schwer zu durchbrechen ist.

Familienbeziehungen

Die Auswirkungen von Mobbing beschränken sich
nicht nur auf den Arbeitsplatz, sondern haben auch
erhebliche Folgen für das Privatleben der Betroffenen.
Die psychischen und physischen Belastungen, die
durch Mobbing verursacht werden, können
Spannungen in familiären Beziehungen hervorrufen.
Mobbingopfer haben oft Schwierigkeiten, ihre
Emotionen zu regulieren, was sich negativ auf ihre
Interaktionen mit Familienmitgliedern auswirken
kann. Die ständige Sorge um den Arbeitsplatz und die
damit verbundenen Ängste können zu einer
emotionalen Abwesenheit führen, in der Betroffene
weniger Zeit und Energie für ihre Familie aufbringen
können.

Partner und Kinder sind häufig besorgt über die
Veränderungen im Verhalten des Betroffenen. Diese
Sorgen können zu zusätzlichem Stress und Konflikten
innerhalb der Familie führen. Familienmitglieder
fühlen sich oft hilflos, da sie sehen, wie die betroffene
Person leidet, und wissen nicht, wie sie unterstützen
können. Diese Dynamik kann dazu führen, dass sich
die Familienmitglieder voneinander entfremden,
wodurch sich die soziale Isolation des Betroffenen
weiter verstärkt. In schwerwiegenden Fällen kann dies
sogar zu Trennungen oder Scheidungen führen, da die

emotionalen und psychologischen Belastungen die
familiären Bindungen überfordern.

Insgesamt ist es entscheidend zu erkennen, dass die
sozialen Auswirkungen von Mobbing weitreichend
sind und sowohl das Arbeitsumfeld als auch das
persönliche Leben der Betroffenen erheblich
beeinträchtigen können. Ein umfassendes Verständnis
dieser Auswirkungen ist unerlässlich, um geeignete
Maßnahmen zur Prävention und Unterstützung zu
entwickeln, die darauf abzielen, die Lebensqualität der
Betroffenen zu verbessern und ein gesundes soziales
Umfeld zu fördern.

Fazit

Kapitel 2 beleuchtet eindrücklich die vielschichtigen
und tiefgreifenden Auswirkungen von Mobbing auf die
Betroffenen, die sowohl psychische als auch
physische, berufliche und soziale Dimensionen
umfassen. Die psychischen Belastungen, die durch
Mobbing hervorgerufen werden, sind besonders
gravierend. Chronischer Stress, Angststörungen und
Depressionen sind häufige Begleiterscheinungen, die
das emotionale Wohlbefinden der Betroffenen stark
beeinträchtigen. Die ständige Alarmbereitschaft und
das Gefühl der Hilflosigkeit führen nicht nur zu einem
Rückgang der Lebensqualität, sondern auch zu
ernsthaften gesundheitlichen Problemen, darunter

Schlafstörungen, Konzentrationsschwierigkeiten und somatische Beschwerden wie Kopfschmerzen und Magen-Darm-Probleme. Langfristig können diese Stressreaktionen auch kardiovaskuläre Erkrankungen begünstigen, was die gesundheitlichen Risiken für Mobbingopfer weiter erhöht.

Die beruflichen Konsequenzen sind ebenso besorgniserregend. Mobbing führt oft zu einem signifikanten Leistungsabfall, erhöhten Fehltagen und im schlimmsten Fall sogar zur Kündigung. Diese Entwicklungen haben nicht nur individuelle Auswirkungen, sondern beeinträchtigen auch das gesamte Arbeitsumfeld, da sie die Teamdynamik und die Zusammenarbeit untergraben. Die Folgen der Isolation und der psychischen Belastungen ziehen sich bis in das Privatleben der Betroffenen hinein, wo familiäre Beziehungen unter den emotionalen Spannungen leiden können.

Insgesamt wird deutlich, dass Mobbing weitreichende Folgen hat, die über das unmittelbare Erleben der Betroffenen hinausgehen. Die Erkenntnis der vielschichtigen Auswirkungen ist entscheidend, um geeignete Maßnahmen zu entwickeln, die sowohl die Prävention als auch die Unterstützung der Betroffenen in den Fokus rücken. Nur durch ein umfassendes Verständnis der Problematik kann ein respektvolles

und sicheres Umfeld geschaffen werden, in dem
Mobbing keinen Platz hat.

Kapitel 3: Kosten für das Unternehmen

Mobbing am Arbeitsplatz hat nicht nur schwerwiegende Folgen für die Betroffenen, sondern verursacht auch erhebliche Kosten für Unternehmen. Diese Kosten können sowohl direkt als auch indirekt sein und sich langfristig auf die Innovationskraft, Kundenbindung und Marktposition des Unternehmens auswirken. In diesem Kapitel werden die verschiedenen Arten von Kosten, die durch Mobbing entstehen, detailliert untersucht.

1. Direkte Kosten

Die direkten Kosten von Mobbing sind relativ einfach zu quantifizieren und betreffen in erster Linie finanzielle Ausgaben, die das Unternehmen unmittelbar trifft. Diese Kosten können sich erheblich summieren und stellen eine ernsthafte Belastung für die finanzielle Gesundheit eines Unternehmens dar. Zu den wichtigsten direkten Kosten gehören:

Krankenstand

Mobbing am Arbeitsplatz führt häufig zu einem signifikanten Anstieg der krankheitsbedingten Abwesenheiten. Mitarbeiter, die unter Mobbing leiden, sind oft mit einer Vielzahl psychischer und physischer Beschwerden konfrontiert. Zu den häufigsten psychischen Erkrankungen zählen Angstzustände, Depressionen und posttraumatische Belastungsstörungen, während physische Symptome wie Kopfschmerzen, Schlafstörungen und andere somatische Beschwerden ebenfalls häufig beobachtet werden. Diese Beschwerden können so schwerwiegend sein, dass betroffene Mitarbeiter nicht in der Lage sind, ihre Arbeit zu verrichten, was zu häufigen und oft längeren Krankheitszeiten führt.

Die finanziellen Auswirkungen dieser Abwesenheiten sind für das Unternehmen erheblich. Zunächst einmal fallen Lohnkosten für die Zeit an, in der die Mitarbeiter nicht arbeiten, was das Budget des Unternehmens belastet. Diese Kosten summieren sich schnell, insbesondere wenn mehrere Mitarbeiter betroffen sind. Zudem entstehen zusätzliche Ausgaben, wenn das Unternehmen Krankheitsvertretungen einstellen oder Überstunden für verbleibende Mitarbeiter bezahlen muss, um die Arbeitslast der abwesenden Kollegen zu kompensieren. Diese zusätzlichen Kosten führen nicht nur zu einer finanziellen Belastung, sondern können auch die Moral und Produktivität der verbleibenden Mitarbeiter beeinträchtigen, die möglicherweise unter dem zusätzlichen Arbeitsdruck leiden.

Fluktuation

Eine hohe Fluktuation ist eine weitere gravierende
direkte Folge von Mobbing. Wenn Mitarbeiter
aufgrund von Mobbing das Unternehmen verlassen,
entstehen erhebliche Kosten, die oft übersehen
werden. Die Suche nach neuen Mitarbeitern ist nicht
nur ein zeitaufwändiger Prozess, sondern erfordert
auch umfangreiche finanzielle Ressourcen.
Unternehmen müssen Ressourcen für die Erstellung
von Stellenanzeigen, die Durchführung von
Vorstellungsgesprächen und die Auswahl geeigneter
Kandidaten bereitstellen. Der Verlust von talentierten
oder erfahrenen Mitarbeitern ist besonders
schmerzhaft, da dies nicht nur zu einem unmittelbaren
Verlust von Know-how führt, sondern auch die
Effizienz und Produktivität des gesamten Teams
beeinträchtigen kann.

Die Kosten für die Fluktuation setzen sich aus
verschiedenen Faktoren zusammen. Dazu gehören
Rekrutierungskosten, die alle Ausgaben umfassen, die
mit der Suche nach neuen Mitarbeitern verbunden
sind, wie beispielsweise Anzeigen,
Personalvermittlungsgebühren und interne
Ressourcen, die für den Auswahlprozess aufgewendet
werden. Des Weiteren sind Schulungskosten für neue
Mitarbeiter zu berücksichtigen, da diese oft mehrere
Wochen oder Monate in Anspruch nehmen, bis die

neuen Teammitglieder vollständig produktiv sind.
Während dieser Einarbeitungszeit leidet die
Produktivität des Unternehmens, da neue Mitarbeiter
in der Regel erst nach einer gewissen Zeit die volle
Leistungsfähigkeit erreichen. Diese Verzögerung kann
sich negativ auf den gesamten Betrieb auswirken und
die Erreichung von Unternehmenszielen gefährden.

Rekrutierung neuer Mitarbeiter

Die Rekrutierung neuer Mitarbeiter ist ein zeit- und
kostenintensiver Prozess, der oft unterschätzt wird.
Unternehmen müssen nicht nur finanzielle Mittel
bereitstellen, um die verschiedenen Aspekte des
Rekrutierungsprozesses abzudecken, sondern auch
personelle Ressourcen, die für die Durchführung von
Interviews und die Bewertung von Kandidaten
benötigt werden. Die Erstellung von Stellenanzeigen,
die Veröffentlichung auf verschiedenen Plattformen
und die Beantwortung von Bewerbungen erfordern
Zeit und Engagement.

Ein weiterer Kostenfaktor ist die Einarbeitung neuer
Mitarbeiter, die oft mehrere Monate in Anspruch
nimmt, insbesondere bei spezialisierten Positionen
oder Führungskräften. Während dieser
Einarbeitungszeit ist die Produktivität der neuen
Mitarbeiter im Vergleich zu erfahrenen Kollegen in der
Regel eingeschränkt, was bedeutet, dass das

Unternehmen während dieser Zeit eine niedrigere Gesamtproduktivität verzeichnen könnte. Dies kann zu einem Rückgang der Effizienz und einer erhöhten Arbeitsbelastung für die verbleibenden Teammitglieder führen, die möglicherweise zusätzliche Verantwortung übernehmen müssen.

Darüber hinaus ist der Verlust an Wissen und Erfahrung, der mit der Abwanderung von Mitarbeitern einhergeht, schwer quantifizierbar, hat jedoch langfristige Auswirkungen auf die Wettbewerbsfähigkeit des Unternehmens. Wenn erfahrene Mitarbeiter das Unternehmen verlassen, geht nicht nur das spezifische Wissen verloren, das sie im Laufe der Jahre angehäuft haben, sondern auch wichtige Beziehungen zu Kunden und Geschäftspartnern. Diese Faktoren können die Fähigkeit des Unternehmens beeinträchtigen, in einem sich ständig verändernden Markt erfolgreich zu agieren.

Zusammenfassend lässt sich sagen, dass die direkten Kosten von Mobbing erhebliche Auswirkungen auf die finanzielle Gesundheit eines Unternehmens haben können. Von den Kosten für Krankenstand über die Fluktuation bis hin zu den Aufwendungen für die Rekrutierung neuer Mitarbeiter – die finanziellen Belastungen summieren sich schnell und können die langfristige Stabilität und Wettbewerbsfähigkeit eines

Unternehmens gefährden. Unternehmen sollten daher proaktive Maßnahmen ergreifen, um Mobbing zu vermeiden und ein positives Arbeitsumfeld zu fördern, um diese direkten Kosten zu minimieren und die Produktivität sowie das Wohlbefinden ihrer Mitarbeiter zu sichern.

Szenario für die Auswirkung von Mobbing auf die Direkten Kosten

Im Unternehmen arbeiten 50 Mitarbeiter in einem dynamischen, technologieorientierten Umfeld. In den letzten sechs Monaten hat sich jedoch eine Mobbingdynamik zwischen zwei Teammitgliedern entwickelt. Mitarbeiter A wird von Mitarbeiter B wiederholt schikaniert, was zu einer erheblichen Beeinträchtigung von Mitarbeiter A's psychischer Gesundheit führt. Infolgedessen leidet Mitarbeiter A unter Depressionen und Angstzuständen, was zu häufigen krankheitsbedingten Abwesenheiten führt.

Direkte Kosten durch Krankenstand

1. **Krankheitsbedingte Abwesenheiten**:

    o   Mitarbeiter A ist über einen Zeitraum von drei Monaten insgesamt 30 Tage krankgeschrieben.

    o   Angenommen, der durchschnittliche Tageslohn von Mitarbeiter A beträgt

150 Euro, was zu direkten Lohnkosten von 4.500 Euro (30 Tage x 150 Euro) für das Unternehmen führt.

2. **Vertretungskosten**:

   o Um die Arbeitslast von Mitarbeiter A zu kompensieren, muss das Unternehmen einen temporären Mitarbeiter einstellen. Die Kosten für die Einstellung und Schulung dieses Mitarbeiters belaufen sich auf weitere 2.000 Euro.

   o Zudem müssen die verbleibenden Teammitglieder zusätzliche Überstunden leisten, was weitere 1.500 Euro an Überstundenvergütung verursacht.

Gesamtkosten durch Krankenstand

Die direkten Kosten durch die Abwesenheit von Mitarbeiter A summieren sich somit auf:

- Lohnkosten: 4.500 Euro

- Vertretungskosten: 2.000 Euro

- Überstunden: 1.500 Euro

- **Gesamtkosten: 8.000 Euro**

Direkte Kosten durch Fluktuation

Nach dem dritten Monat beschließt Mitarbeiter A aufgrund des anhaltenden Mobbings, das Unternehmen zu verlassen. Der Verlust eines talentierten Mitarbeiters zieht eine Reihe zusätzlicher Kosten nach sich.

1. **Rekrutierungskosten**:

   - TechSolutions muss eine Stellenanzeige schalten, was 500 Euro kostet. Zusätzlich beauftragt das Unternehmen eine Personalvermittlung, was weitere 2.000 Euro kostet.

2. **Einarbeitungskosten**:

   - Die Einarbeitung eines neuen Mitarbeiters dauert etwa zwei Monate. Während dieser Zeit ist die Produktivität des neuen Mitarbeiters eingeschränkt und liegt bei nur 60 % im Vergleich zu einem erfahrenen Mitarbeiter. Angenommen, die Gesamtkosten für die Position betragen 4.500 Euro pro Monat, was zu einem Verlust von 1.800 Euro (2 Monate x 4.500 Euro x 40 %) für das

Unternehmen führt, da der neue Mitarbeiter erst nach der Einarbeitungszeit die volle Leistungsfähigkeit erreicht.

3. **Wissenstransfer**:

   o Der Verlust von Mitarbeiter A bedeutet auch den Verlust von spezifischem Wissen und wichtigen Kundenbeziehungen, deren monetärer Wert schwer zu beziffern ist, aber auf lange Sicht die Wettbewerbsfähigkeit von TechSolutions gefährden kann.

Gesamtkosten durch Fluktuation

Die direkten Kosten durch die Fluktuation von Mitarbeiter A summieren sich auf:

- Rekrutierungskosten: 2.500 Euro

- Einarbeitungskosten: 1.800 Euro

- **Gesamtkosten: 4.300 Euro**

Gesamtsumme der direkten Kosten

Zusammenfassend ergeben sich aus den direkten Kosten durch Mobbing bei TechSolutions:

- Kosten durch Krankenstand: 8.000 Euro

- Kosten durch Fluktuation: 4.300 Euro

- **Gesamtkosten: 12.300 Euro**

Diese Summe verdeutlicht, wie Mobbing am Arbeitsplatz nicht nur die betroffenen Mitarbeiter, sondern auch die finanzielle Gesundheit des Unternehmens erheblich belasten kann. Um solche Kosten zu minimieren, könnte TechSolutions proaktive Maßnahmen zur Förderung eines positiven Arbeitsumfelds und zur Bekämpfung von Mobbing einführen, wie z. B. Schulungen zur Sensibilisierung, klare Richtlinien gegen Mobbing und ein offenes Ohr für die Anliegen der Mitarbeiter.

2. Indirekte Kosten

Die indirekten Kosten von Mobbing sind oft schwerer zu quantifizieren als die direkten Kosten, können jedoch ebenso erhebliche und langanhaltende Auswirkungen auf ein Unternehmen haben. Diese Kosten manifestieren sich in verschiedenen Bereichen und können die Gesamtleistung und das Arbeitsumfeld eines Unternehmens stark beeinträchtigen. Zu den wichtigsten indirekten Kosten gehören:

Verminderte Produktivität

Mobbing hat häufig zur Folge, dass die betroffenen Mitarbeiter in ihrer Produktivität stark eingeschränkt werden. Die ständige Angst vor weiteren Angriffen, die emotionale Belastung und das Gefühl der Unsicherheit führen zu signifikanten Konzentrationsschwierigkeiten. Mitarbeiter, die unter Mobbing leiden, sind oft mit ihren Gedanken beschäftigt, was zu einem verminderten Fokus auf ihre Aufgaben führt. Diese ständige Ablenkung wirkt sich negativ auf die Qualität ihrer Arbeit aus, da sie weniger aufmerksam sind und sich nicht vollständig auf ihre Aufgaben konzentrieren können.

Darüber hinaus kann die Arbeitsmotivation bei den betroffenen Mitarbeitern stark abnehmen. Das Gefühl, nicht wertgeschätzt oder respektiert zu werden, kann die intrinsische Motivation untergraben und dazu führen, dass Mitarbeiter weniger Initiative zeigen oder weniger bereit sind, zusätzliche Anstrengungen zu unternehmen. Auch Mitarbeiter, die nicht direkt vom Mobbing betroffen sind, können durch ein feindliches Arbeitsumfeld demotiviert werden. Sie könnten sich in ihrer eigenen Leistung zurückhalten, aus Angst, ebenfalls ins Visier genommen zu werden, oder sie könnten frustriert sein über die Unfähigkeit des Managements, das Problem zu lösen. Dies führt zu einem allgemeinen Rückgang der Produktivität innerhalb des Teams oder sogar der gesamten Organisation, was sich negativ auf die Erreichung der Unternehmensziele auswirkt.

Negative Unternehmenskultur

Ein Klima, das von Mobbing geprägt ist, kann die Unternehmenskultur erheblich belasten. Wenn Mitarbeiter das Gefühl haben, in einem feindlichen oder unsicheren Umfeld zu arbeiten, sinkt das Vertrauen in die Führungsebene sowie in die Kollegialität innerhalb der Teams. Vertrauen ist eine fundamentale Voraussetzung für eine gesunde Unternehmenskultur; wenn es fehlt, wird die Zusammenarbeit erschwert und innovative Ideen können nicht gedeihen. In einer solchen Atmosphäre neigen Mitarbeiter dazu, sich zurückzuziehen und weniger offen für Feedback oder Kooperation zu sein.

Ein negatives Arbeitsumfeld kann zudem das Engagement der Mitarbeiter verringern. Wenn das Gefühl vorherrscht, dass das Management nicht auf die Bedürfnisse und das Wohlbefinden der Mitarbeiter eingeht, sinkt das Gefühl der Zugehörigkeit. Diese kulturellen Veränderungen sind oft tiefgreifend und können Jahre dauern, um sie zu verändern. Ein schlechtes Arbeitsklima kann auch die Anwerbung neuer Talente erschweren, da potenzielle Bewerber durch die schlechte Reputation des Unternehmens abgeschreckt werden. In Zeiten des Fachkräftemangels ist ein positives Arbeitsumfeld entscheidend für die Anwerbung und Bindung von qualifizierten Mitarbeitern.

Imageverlust

Mobbing kann auch zu einem erheblichen Imageverlust führen, der weitreichende Folgen für die gesamte Organisation hat. Unternehmen, die für eine schlechte Unternehmenskultur oder einen unzureichenden Umgang mit Mobbing bekannt sind, haben Schwierigkeiten, talentierte Mitarbeiter zu finden und bestehende Kunden zu halten. Der Ruf eines Unternehmens ist ein wertvolles Gut, das sich auf viele Aspekte des Geschäftsbetriebs auswirkt. Ein negatives Image kann sich nicht nur auf die Wahrnehmung des Unternehmens in der Öffentlichkeit auswirken, sondern auch auf die Beziehungen zu Geschäftspartnern, Investoren und anderen Stakeholdern.

Ein schlechtes Unternehmensimage kann zu einem Rückgang der Verkaufszahlen führen, da potenzielle Kunden möglicherweise von den negativen Berichten über das Unternehmen abgeschreckt werden. Zudem kann die Kundenbindung leiden, wenn bestehende Kunden das Gefühl haben, dass das Unternehmen nicht in der Lage ist, ein positives und respektvolles Umfeld zu fördern. Langfristig kann dies die finanziellen Ergebnisse des Unternehmens erheblich beeinträchtigen und das Wachstum sowie die Wettbewerbsfähigkeit gefährden.

Zusammenfassend lässt sich sagen, dass die indirekten Kosten von Mobbing weitreichende und tiefgreifende Auswirkungen auf ein Unternehmen haben können. Von der verminderten Produktivität über die negative Unternehmenskultur bis hin zum Imageverlust – diese Faktoren tragen dazu bei, dass die Gesamtleistung eines Unternehmens leidet. Daher ist es für Unternehmen unerlässlich, präventive Maßnahmen zu ergreifen, um Mobbing zu verhindern und ein unterstützendes, respektvolles Arbeitsumfeld zu fördern. Nur so können sie die langfristigen negativen Folgen von Mobbing minimieren und ein positives Arbeitsumfeld schaffen, das sowohl dem Unternehmen als auch den Mitarbeitern zugutekommt.

Beispiel zu den indirekten Kosten von Mobbing am Arbeitsplatz

Unternehmen: Marketingagentur

In der Marketingagentur, die aus 30 Mitarbeitern besteht, hat sich in den letzten Monaten ein Mobbingfall entwickelt, bei dem ein erfahrener

Mitarbeiter, Mitarbeiter C, von einem Vorgesetzten, Mitarbeiter D, wiederholt herabgesetzt und öffentlich kritisiert wird. Die Auswirkungen sind sowohl für Mitarbeiter C als auch für das gesamte Team spürbar.

Verminderte Produktivität

Mitarbeiter C, der zuvor für seine Kreativität und Produktivität bekannt war, zeigt nun deutlich verminderte Leistungen. Die ständigen Angriffe durch Mitarbeiter D führen dazu, dass sich C nicht mehr auf seine Projekte konzentrieren kann. Anstatt innovative Ideen zu entwickeln, beschäftigt sich C mit der Angst vor weiteren Angriffen und der emotionalen Belastung.

- **Konkrete Auswirkungen**:
  - In einem Kreativprojekt, das normalerweise in zwei Wochen abgeschlossen werden konnte, benötigt C nun vier Wochen. Dies führt zu Verzögerungen im gesamten Projektablauf, da andere Teammitglieder auf C's Beiträge angewiesen sind.
  - Zudem sinkt die Qualität seiner Arbeit; kreative Vorschläge werden weniger oft

gemacht, was dazu führt, dass die Agentur weniger Wettbewerbsvorteile hat.

Negative Unternehmenskultur

Die Mobbing-Situation hat nicht nur C betroffen, sondern auch die Teamdynamik stark beeinträchtigt. Die anderen Teammitglieder, die die Angriffe beobachten, fühlen sich unwohl und unsicher. Sie haben Angst, dass sie das nächste Ziel sein könnten, und ziehen sich in ihre Arbeit zurück.

- **Konkrete Auswirkungen**:
  - Mitarbeiter E, der zuvor aktiv an Meetings teilnahm und Ideen einbrachte, hört auf, sich zu beteiligen. Er hat das Gefühl, dass seine Vorschläge nicht geschätzt werden und zieht sich emotional zurück.
  - Dies führt zu einer allgemeinen Abnahme der Kreativität und Innovationskraft innerhalb des Teams, da viele Mitarbeiter aus Angst vor negativen Konsequenzen weniger bereit sind, Risiken einzugehen oder Vorschläge zu äußern.

Imageverlust

Durch einen anonymen Bericht über die Mobbing-Situation in „Creative Minds" wird die Agentur in der lokalen Presse erwähnt. Der Artikel hebt hervor, dass das Unternehmen in der Branche für seine toxische Arbeitsumgebung bekannt ist.

- **Konkrete Auswirkungen**:

    o Potenzielle Bewerber, die sich für offene Stellen interessieren, entscheiden sich gegen eine Bewerbung, nachdem sie von den negativen Berichten erfahren haben. Dies führt dazu, dass die Agentur Schwierigkeiten hat, qualifizierte Talente zu rekrutieren, was sich negativ auf die zukünftige Wettbewerbsfähigkeit auswirkt.

    o Bestehende Kunden, die ebenfalls von den Berichten erfahren, beginnen, ihre Geschäftsbeziehungen zu überdenken. Einige Kunden ziehen in Betracht, die Zusammenarbeit zu beenden, da sie das Gefühl haben, dass ein Unternehmen, das nicht für ein respektvolles Arbeitsumfeld sorgt, auch nicht in der Lage ist, qualitativ hochwertige Dienstleistungen anzubieten.

Zusammenfassung

In diesem Beispiel zeigen die indirekten Kosten von Mobbing bei „Creative Minds" in Form von verminderter Produktivität, einer negativen Unternehmenskultur und einem erheblichen Imageverlust, wie tiefgreifend und weitreichend die Auswirkungen von Mobbing sein können. Diese Faktoren führen nicht nur zu einem Rückgang der Mitarbeiterzufriedenheit, sondern gefährden auch die langfristige Stabilität und den Erfolg des Unternehmens. Um diese negativen Effekte zu minimieren, ist es für „Creative Minds" entscheidend, präventive Maßnahmen zu ergreifen, wie etwa Schulungen zur Sensibilisierung für Mobbing, die Etablierung einer offenen Kommunikationskultur und die Implementierung klarer Richtlinien gegen Mobbing.

3. Langfristige Konsequenzen

Die langfristigen Konsequenzen von Mobbing sind oft die schwerwiegendsten und können die Zukunft des Unternehmens gefährden. Diese Auswirkungen sind nicht nur individuell, sondern betreffen die gesamte Organisation und deren Wettbewerbsfähigkeit. Zu den kritischen langfristigen Auswirkungen gehören:

Auswirkungen auf Innovation

Ein Arbeitsumfeld, das durch Mobbing geprägt ist, schafft selten die notwendigen Bedingungen für Kreativität und Innovation. Mitarbeiter, die unter Druck stehen oder Angst haben, ihre Ideen zu äußern, neigen dazu, sich zurückzuhalten. Diese Angst vor negativer Rückmeldung oder sogar Bestrafung kann dazu führen, dass sie keine Risiken eingehen oder neue, potenziell bahnbrechende Ansätze verfolgen. In einem solchen Klima sind die Mitarbeiter weniger bereit, kreative Lösungen zu entwickeln oder innovative Ideen zur Verbesserung von Prozessen und Produkten einzubringen.

Die Folgen sind tiefgreifend: Ein Unternehmen, das nicht innovativ ist, läuft Gefahr, hinter seinen Wettbewerbern zurückzubleiben. Insbesondere in dynamischen Märkten, in denen sich Technologien und Kundenbedürfnisse schnell verändern, ist die Fähigkeit zur Anpassung und Innovation entscheidend. Ein Mangel an frischen Ideen kann nicht nur die Produktentwicklung behindern, sondern auch die Fähigkeit des Unternehmens, neue Kunden zu gewinnen und bestehende zu halten, ernsthaft beeinträchtigen. Langfristig kann dies zu einem stagnierenden Umsatz und sogar zum Verlust von Marktanteilen führen, da Wettbewerber mit innovativeren Ansätzen und Produkten aufwarten.

Kundenbindung

Ein negatives Arbeitsumfeld hat auch direkte Auswirkungen auf die Kundenbindung. Unmotivierte oder unzufriedene Mitarbeiter sind oft weniger engagiert in ihrer Arbeit, was zu einem merklichen Rückgang der Servicequalität führen kann. Kunden spüren, wenn die Mitarbeiter nicht hinter der Marke stehen oder sich nicht um deren Anliegen kümmern. Eine schlechte Kundenerfahrung kann dazu führen, dass Kunden frustriert sind und sich entscheiden, ihre Geschäfte stattdessen bei Wettbewerbern zu tätigen, die vielleicht ein engagierteres und freundlicheres Service-Team bieten.

Ein Unternehmen, das an der Frontlinie des Kundenservice leidet, wird Schwierigkeiten haben, eine loyale Kundenbasis aufzubauen. Loyalität wird oft durch positive Interaktionen und das Gefühl der Wertschätzung gefördert – beides ist in einem von Mobbing geprägten Umfeld schwer zu erreichen. Langfristig kann dies zu einem Rückgang der Einnahmen und Marktanteile führen. Wenn sich die Kunden von einem Unternehmen abwenden, kann dies nicht nur die aktuellen Umsätze schmälern, sondern auch langfristige Verträge und Empfehlungen gefährden, die für das Wachstum eines Unternehmens unerlässlich sind.

Marktposition

Die Kombination aus verminderter Produktivität, Innovationsschwäche und einem schlechten Unternehmensimage kann letztlich die Marktposition eines Unternehmens erheblich gefährden. Unternehmen, die nicht in der Lage sind, ein positives Arbeitsumfeld zu schaffen, riskieren, von ihren Konkurrenten überholt zu werden. In einem wettbewerbsintensiven Markt kann ein Unternehmen, das an einem schlechten Ruf leidet, Schwierigkeiten haben, die besten Talente zu rekrutieren und zu halten. Gute Mitarbeiter ziehen es vor, in einem unterstützenden und respektvollen Umfeld zu arbeiten, und werden sich eher für Unternehmen entscheiden, die eine positive Unternehmenskultur fördern.

Ein Verlust an Marktanteilen kann die finanzielle Stabilität des Unternehmens gefährden und dazu führen, dass langfristige strategische Ziele nicht erreicht werden können. Wenn das Unternehmen nicht in der Lage ist, seine Wettbewerbsfähigkeit aufrechtzuerhalten, kann dies zu Kosteneinsparungen, Entlassungen oder sogar zur Schließung von Abteilungen führen. Letztendlich kann ein Unternehmen, das die langfristigen Auswirkungen von Mobbing nicht ernst nimmt, nicht nur seine Marktposition, sondern auch seine Existenz gefährden. Um diese gravierenden Konsequenzen zu vermeiden, ist es unerlässlich, eine proaktive Haltung gegenüber der Schaffung eines positiven Arbeitsumfelds einzunehmen, das Mobbing entgegenwirkt und Innovation sowie Engagement fördert.

Beispiel zu den langfristigen Konsequenzen von Mobbing am Arbeitsplatz

Unternehmen: Tech Innovations GmbH

Die Tech Innovations GmbH ist ein mittelständisches Unternehmen, das Softwarelösungen für die Gesundheitsbranche anbietet. Mit 150 Mitarbeitern hat das Unternehmen in der Vergangenheit einige innovative Produkte entwickelt, steht jedoch seit einiger Zeit unter dem Schatten von Mobbingvorfällen, die sich auf die langfristige Entwicklung des Unternehmens auswirken.

Auswirkungen auf Innovation

In der Softwareentwicklung ist Kreativität entscheidend. Doch in der Tech Innovations GmbH haben Mobbingvorfälle zu einem vergifteten Arbeitsumfeld geführt. Insbesondere ein Teamleiter, der seine Machtposition ausnutzt, kritisiert regelmäßig die Ideen seiner Teammitglieder und sorgt dafür, dass diese Angst haben, ihre Vorschläge zu äußern.

- **Konkrete Auswirkungen**:

    o Ein neu gegründetes Team für ein wichtiges Projekt zur Entwicklung einer innovativen Gesundheits-App hat Schwierigkeiten, neue Ideen zu entwickeln. Mitarbeiter, die zuvor begeistert waren, bringen keine neuen Vorschläge mehr ein, aus Angst, belächelt oder abgelehnt zu werden.

    o Infolgedessen wird das Projekt nicht rechtzeitig fertiggestellt. Während Wettbewerber ähnliche Produkte erfolgreich auf den Markt bringen, bleibt das Unternehmen hinter seinen Zielen zurück und verliert potenzielle Kunden.

Kundenbindung

Die unmotivierten Mitarbeiter, die unter dem Druck des Mobbings leiden, zeigen weniger Engagement in der Kundenbetreuung. Dies hat direkte Auswirkungen auf die Servicequalität.

- **Konkrete Auswirkungen**:

  - o Die Kunden berichten über langsame Reaktionszeiten und unzureichende Unterstützung. Frustration wächst, und viele Kunden beginnen, sich nach Alternativen umzusehen.

  - o In einer Branchenauswertung zur Kundenzufriedenheit fällt die Tech Innovations GmbH erheblich zurück und verliert einige ihrer wichtigsten Kunden, die zu Wettbewerbern wechseln, die einen besseren Service bieten können.

Marktposition

Die Kombination aus Innovationsmangel und schlechter Kundenbindung führt zu einer ernsthaften Gefährdung der Marktposition der Tech Innovations GmbH.

- **Konkrete Auswirkungen**:

  - o Der Umsatz beginnt zu stagnieren, und das Unternehmen sieht sich gezwungen, Stellen abzubauen, um Kosten zu sparen. Dies verstärkt die negative Stimmung im Unternehmen, da verbleibende Mitarbeiter sich unsicher über ihre Zukunft fühlen.

- o Das Unternehmen hat Schwierigkeiten, neue Talente zu rekrutieren, da potenzielle Mitarbeiter von den negativen Berichten über das Arbeitsumfeld hören. Stattdessen entscheiden sich viele für Wettbewerber, die eine positive Unternehmenskultur fördern.

Die langfristigen Konsequenzen von Mobbing in der Tech Innovations GmbH sind tiefgreifend und gefährden die Zukunft des Unternehmens. Durch den Rückgang von Innovation, die Verschlechterung der Kundenbindung und die Bedrohung der Marktposition hat das Unternehmen das Potenzial, in der Branche erheblich zurückzufallen. Um diesen Herausforderungen zu begegnen, ist es für die Geschäftsführung von entscheidender Bedeutung, proaktive Maßnahmen zu ergreifen, um ein positives und unterstützendes Arbeitsumfeld zu schaffen, in dem Mitarbeiter sich sicher fühlen, ihre Ideen einzubringen und ihre Kreativität zu entfalten. Nur so kann die Tech Innovations GmbH ihre

Wettbewerbsfähigkeit langfristig sichern und wieder auf den Weg des Wachstums zurückkehren

Fazit

Das Kapitel 3 beleuchtet eindrücklich die finanziellen und strukturellen Kosten, die Mobbing am Arbeitsplatz für Unternehmen mit sich bringt. Die Analyse der direkten und indirekten Kosten zeigt, dass Mobbing nicht nur die betroffenen Mitarbeiter, sondern das gesamte Unternehmen in seiner Leistungsfähigkeit und Wettbewerbsfähigkeit stark beeinträchtigen kann.

Die direkten Kosten von Mobbing sind oft klarer zu erfassen, da sie sich in messbaren finanziellen Ausgaben niederschlagen. Die erhöhten Krankenstände führen zu signifikanten Lohnkosten für abwesende Mitarbeiter und erfordern zusätzliche Ausgaben für Vertretungen oder Überstunden. Darüber hinaus zeigt die hohe Fluktuation, dass Unternehmen nicht nur in die Rekrutierung neuer Mitarbeiter investieren müssen, sondern auch in deren Einarbeitung, was zu einem Verlust von Know-how und Produktivität führt. Diese direkten finanziellen Belastungen summieren sich schnell und können die finanzielle Stabilität eines Unternehmens erheblich gefährden.

Die indirekten Kosten hingegen sind oft subtiler und schwieriger zu quantifizieren, haben jedoch ebenso gravierende Auswirkungen. Verminderte Produktivität, eine negative Unternehmenskultur und ein Imageverlust sind langfristige Konsequenzen, die die Gesamtleistung eines Unternehmens nachhaltig beeinflussen können. Ein von Mobbing geprägtes Arbeitsumfeld führt dazu, dass Mitarbeiter weniger motiviert und engagiert sind, was sich negativ auf die Qualität der Arbeit und die Serviceleistungen auswirkt. Dies kann letztlich die Kundenbindung gefährden und dem Unternehmen Markanteile kosten.

Die langfristigen Folgen von Mobbing sind besonders besorgniserregend, da sie die Innovationskraft, Kundenbindung und Marktposition des Unternehmens gefährden. In einem dynamischen wirtschaftlichen Umfeld ist es essenziell, ein kreatives und offenes Arbeitsklima zu schaffen, in dem Mitarbeiter bereit sind, ihre Ideen zu teilen und Risiken einzugehen. Ein Verlust an Innovationsfähigkeit kann dazu führen, dass das Unternehmen hinter seinen Wettbewerbern zurückbleibt, was langfristig zu stagnierenden Umsätzen und einer schwächeren Marktstellung führt.

Zusammenfassend lässt sich sagen, dass die Kosten von Mobbing für Unternehmen weit über die unmittelbaren finanziellen Belastungen hinausgehen. Die Auswirkungen auf die Unternehmenskultur, die Mitarbeiterzufriedenheit und die Innovationskraft sind entscheidend für die langfristige Wettbewerbsfähigkeit. Daher sollten Unternehmen proaktive Strategien zur Prävention von Mobbing entwickeln und ein unterstützendes, respektvolles Arbeitsumfeld fördern. Nur so können sie die finanziellen, kulturellen und strukturellen Konsequenzen von Mobbing minimieren und eine positive Grundlage für zukünftigen Erfolg schaffen. Ein solches Engagement für ein gesundes Arbeitsumfeld ist nicht nur eine ethische Verpflichtung, sondern auch eine strategische Notwendigkeit, um im heutigen wettbewerbsintensiven Markt bestehen zu können.

Kapitel 4: Prävention von Mobbing

Mobbing am Arbeitsplatz ist ein ernsthaftes Problem, das nicht nur die betroffenen Mitarbeiter, sondern auch die gesamte Organisation beeinträchtigt. Um Mobbing effektiv zu verhindern, ist es entscheidend, eine Unternehmenskultur zu fördern, die Respekt, Offenheit und Zusammenarbeit wertschätzt. In diesem Kapitel werden verschiedene Strategien und Maßnahmen zur Prävention von Mobbing vorgestellt, einschließlich der Schaffung eines respektvollen Arbeitsumfeldes, Schulungsprogrammen zur Sensibilisierung der Mitarbeiter sowie der Definition von Rollen und Verantwortlichkeiten für Führungskräfte und HR-Abteilungen.

4.1 Unternehmenskultur und -werte: Schaffung eines respektvollen Arbeitsumfeldes

Die Unternehmenskultur spielt eine zentrale Rolle bei der Prävention von Mobbing am Arbeitsplatz. Eine positive und unterstützende Kultur ist nicht nur für das Wohlbefinden der Mitarbeiter von entscheidender Bedeutung, sondern auch für die gesamte Leistungsfähigkeit und Innovationskraft eines Unternehmens. Um ein respektvolles Arbeitsumfeld zu schaffen, sollten Unternehmen Werte definieren, die Respekt, Vielfalt und Zusammenarbeit betonen. Diese Werte müssen über die Unternehmensleitlinien hinaus in den Alltag integriert werden, sodass sie für alle Mitarbeiter spürbar und erlebbar sind.

Maßnahmen zur Schaffung eines respektvollen Arbeitsumfeldes:

Klare Unternehmenswerte formulieren: Unternehmen sollten klare und prägnante Werte sowie Verhaltensstandards definieren, die den Umgang miteinander regeln. Diese Werte sollten nicht nur allgemein gehalten sein, sondern spezifisch auf das jeweilige Arbeitsumfeld und die Unternehmenskultur abgestimmt werden. Beispielsweise könnten Werte wie „Respekt", „Integrität", „Teamarbeit" und „Offenheit" formuliert werden. Es ist wesentlich, dass diese Werte regelmäßig kommuniziert werden, um sicherzustellen, dass alle Mitarbeiter sie kennen und verstehen. Dies kann durch regelmäßige Schulungen, Workshops oder interne Kommunikationsmittel wie Newsletter und Intranet geschehen. Zudem sollten diese Werte in die Unternehmenspolitik integriert werden, sodass sie als Leitfaden für alle Entscheidungen und Handlungen dienen.

Offene Kommunikationskanäle etablieren: Ein respektvolles Arbeitsumfeld erfordert transparente und offene Kommunikationswege. Die Mitarbeiter sollten sich sicher fühlen, ihre Bedenken und Ideen ohne Angst vor negativen Konsequenzen zu äußern. Es ist wichtig, eine Kultur zu fördern, in der Feedback nicht nur willkommen ist, sondern aktiv gefordert wird. Regelmäßige Feedback-Gespräche, in denen sowohl positive Rückmeldungen als auch konstruktive Kritik geäußert werden können, sollten Teil des Arbeitsalltags sein. Anonyme Umfragen oder „Suggestion Boxes" können ebenfalls helfen, ein Gefühl der Sicherheit zu schaffen, indem sie den Mitarbeitern ermöglichen, ihre Gedanken und Erfahrungen ohne Angst vor Repressalien zu teilen. Dies fördert nicht nur ein respektvolles Miteinander, sondern kann auch wertvolle Einblicke in mögliche Probleme oder Konflikte im Team liefern.

Diversity und Inklusion fördern: Ein diverses und inklusives Arbeitsumfeld ist entscheidend für die Förderung von Respekt und Wertschätzung. Unterschiedliche Perspektiven, kulturelle Hintergründe und Erfahrungen bereichern das Arbeitsumfeld und tragen dazu bei, innovative Lösungen zu entwickeln. Unternehmen sollten aktiv Maßnahmen ergreifen, um Vielfalt zu fördern, sei es durch gezielte Einstellungspraktiken, Schulungen zur Sensibilisierung für kulturelle Unterschiede oder die Schaffung von Netzwerken für unterrepräsentierte

Gruppen. Inklusion sollte nicht nur ein Schlagwort sein, sondern in der täglichen Praxis gelebt werden. Dies kann durch die Einbeziehung aller Mitarbeiter in Entscheidungsprozesse, die Förderung von Teamarbeit über Abteilungsgrenzen hinweg und die Anerkennung von individuellen Beiträgen geschehen. Wenn sich alle Mitarbeiter wertgeschätzt und respektiert fühlen, wird die Wahrscheinlichkeit von Mobbing erheblich reduziert.

Vorbildfunktion der Führungskräfte: Führungskräfte haben eine entscheidende Rolle bei der Schaffung und Aufrechterhaltung einer respektvollen Unternehmenskultur. Sie sollten als Vorbilder agieren und die festgelegten Werte aktiv leben. Ihr Verhalten hat einen direkten Einfluss auf die Teamdynamik und das Betriebsklima. Führungskräfte sollten regelmäßig Feedback zu den Leistungen ihrer Mitarbeiter geben, diese anerkennen und wertschätzen. Ein respektvoller Umgang, der Empathie und Verständnis zeigt, sollte die Norm sein. Darüber hinaus sollten Führungskräfte bereit sein, Konflikte proaktiv anzugehen und nicht wegzusehen, wenn sie Mobbing oder unangemessenes Verhalten beobachten. Sie müssen ein Umfeld schaffen, in dem Mitarbeiter das Gefühl haben, dass ihre Stimmen gehört werden, und in dem sie das Vertrauen haben, dass ihre Anliegen ernst genommen werden. Durch diese Vorbildfunktion tragen Führungskräfte maßgeblich dazu bei, eine Kultur des Respekts und der Zusammenarbeit zu etablieren.

Zusammenfassend lässt sich sagen, dass die Schaffung eines respektvollen Arbeitsumfeldes durch eine positive Unternehmenskultur und klare Werte eine wichtige Strategie zur Mobbingprävention darstellt. Unternehmen, die in diese Aspekte investieren, schaffen nicht nur ein angenehmeres Arbeitsklima, sondern fördern auch die Zufriedenheit und Loyalität ihrer Mitarbeiter. Ein respektvolles Arbeitsumfeld ist letztlich ein wesentlicher Baustein für den langfristigen Erfolg und die Wettbewerbsfähigkeit eines Unternehmens.

4.2 Schulung und Sensibilisierung: Trainingsprogramme für Mitarbeiter und Führungskräfte

Schulungsprogramme sind ein essenzieller Bestandteil der Präventionsstrategie gegen Mobbing am Arbeitsplatz. Sie tragen dazu bei, das Bewusstsein für die Problematik zu schärfen und ein fundiertes Verständnis für die vielfältigen Auswirkungen von Mobbing zu entwickeln. Durch gezielte Trainings können Unternehmen eine Kultur des Respekts und der Empathie fördern, was nicht nur den individuellen

Mitarbeitern zugutekommt, sondern auch der gesamten Organisation. In diesem Abschnitt werden die wesentlichen Inhalte und Ziele von Schulungsprogrammen näher beleuchtet.

Inhalte von Schulungsprogrammen:

Sensibilisierung für Mobbing: Ein zentraler Bestandteil der Schulungen ist die Sensibilisierung für das Thema Mobbing. Die Teilnehmer sollten mit den verschiedenen Formen von Mobbing vertraut gemacht werden, sei es physisches, verbales oder psychologisches Mobbing. Die Schulungen sollten auch die unterschiedlichen Manifestationen von Mobbing, wie beispielsweise Cybermobbing oder Mobbing durch Ausgrenzung, abdecken. Ein weiterer wichtiger Aspekt ist das Verständnis der weitreichenden Auswirkungen von Mobbing auf die Betroffenen, die Kollegen und die gesamte Arbeitsumgebung. Hierzu gehört nicht nur das physische und psychische Wohlbefinden der Mitarbeiter, sondern auch der Einfluss auf die Produktivität, das Betriebsklima und die Fluktuation im Unternehmen. Zudem sollten die rechtlichen Rahmenbedingungen thematisiert werden, um die Mitarbeiter über ihre Rechte und Pflichten zu informieren und sie für die Konsequenzen von

Mobbing zu sensibilisieren. Die Schulungen sollten interaktive Elemente beinhalten, wie Fallstudien, Rollenspiele oder Gruppendiskussionen, um ein tieferes Verständnis und eine stärkere Identifikation mit dem Thema zu fördern.

Kommunikations- und Konfliktlösungsfähigkeiten: Ein weiterer wichtiger Bestandteil der Schulungen ist die Entwicklung von Kommunikations- und Konfliktlösungsfähigkeiten. Mitarbeiter und Führungskräfte sollten lernen, wie sie konstruktiv miteinander kommunizieren können, um Missverständnisse und Spannungen zu vermeiden. Hierzu gehört auch das Training von aktiven Zuhörfähigkeiten, um die Bedürfnisse und Perspektiven anderer besser zu verstehen. Darüber hinaus sollten Techniken zur Konfliktlösung vermittelt werden, die es den Mitarbeitern ermöglichen, Konflikte frühzeitig zu erkennen und proaktiv zu lösen, bevor sie eskalieren und möglicherweise in Mobbing münden. Rollenspiele und Simulationen von Konfliktsituationen können hier eingesetzt werden, um die Anwendung der erlernten Fähigkeiten zu üben und das Vertrauen in die eigene Konfliktlösungskompetenz zu stärken.

Empathie und emotionale Intelligenz: Die Förderung von Empathie und emotionaler Intelligenz sollte ebenfalls ein zentrales Element der

Schulungsprogramme sein. Empathie ermöglicht es den Mitarbeitern, sich in die Lage ihrer Kollegen zu versetzen und deren Gefühle und Perspektiven nachzuvollziehen. Schulungen sollten Techniken und Strategien anbieten, um die emotionale Intelligenz zu steigern, wie beispielsweise das Erkennen und Verstehen eigener Emotionen sowie der Emotionen anderer. Durch Übungen, die sich auf Perspektivwechsel konzentrieren, können die Teilnehmer lernen, einfühlsamer zu agieren und respektvollere Beziehungen aufzubauen. Eine empathische Arbeitsumgebung fördert nicht nur den Zusammenhalt im Team, sondern trägt auch dazu bei, Mobbing zu verhindern, indem sie eine Atmosphäre des Verständnisses und der Unterstützung schafft.

Regelmäßige Auffrischungskurse: Um sicherzustellen, dass das Bewusstsein für Mobbing und die damit verbundenen Themen langfristig aufrechterhalten bleibt, sollten regelmäßige Auffrischungskurse angeboten werden. Diese Kurse haben den Vorteil, dass sie die Mitarbeiter an die Bedeutung eines respektvollen Arbeitsumfeldes erinnern und neue Entwicklungen oder Erkenntnisse im Bereich Mobbing und Prävention thematisieren. Solche Auffrischungskurse können in Form von kurzen Workshops, Online-Seminaren oder informellen Treffen gestaltet werden, um die

Teilnahme zu fördern. Die regelmäßige Wiederholung der Inhalte trägt dazu bei, dass die Prinzipien und Techniken nicht in Vergessenheit geraten und die Mitarbeiter motiviert bleiben, eine positive Unternehmenskultur zu fördern.

Insgesamt sind Schulungsprogramme zur Sensibilisierung für Mobbing ein unerlässlicher Bestandteil einer ganzheitlichen Strategie zur Schaffung eines respektvollen Arbeitsumfeldes. Durch die gezielte Vermittlung von Wissen, Fähigkeiten und Empathie können Unternehmen nicht nur das Risiko von Mobbing verringern, sondern auch das allgemeine Wohlbefinden und die Zusammenarbeit im Team verbessern. Ein kontinuierliches Engagement in der Schulung und Sensibilisierung ist entscheidend, um eine nachhaltige Veränderung der Unternehmenskultur zu bewirken und ein respektvolles Miteinander zu fördern.

4.3 Rollen und Verantwortlichkeiten: Wie Führungskräfte und HR-Abteilungen aktiv werden können

Führungskräfte und HR-Abteilungen spielen eine entscheidende Rolle in der Prävention von Mobbing am Arbeitsplatz. Sie sind nicht nur für die Schaffung einer positiven Unternehmenskultur verantwortlich, sondern auch dafür, dass Mobbingvorfälle ernst genommen und angemessen behandelt werden. In diesem Zusammenhang sind klare Rollen und Verantwortlichkeiten unerlässlich, um eine respektvolle und inklusive Arbeitsumgebung zu fördern.

Verantwortlichkeiten von Führungskräften

Vorbildfunktion: Führungskräfte haben eine zentrale Vorbildfunktion in der Unternehmenskultur. Ihr Verhalten und ihre Einstellungen prägen die Teamdynamik und das Betriebsklima maßgeblich. Es ist daher von entscheidender Bedeutung, dass Führungskräfte die Unternehmenswerte – insbesondere Respekt, Fairness und Offenheit – aktiv vorleben. Sie sollten in ihren täglichen Interaktionen mit Mitarbeitern und Kollegen ein respektvolles Miteinander demonstrieren und sich klar gegen jede Form von Mobbing positionieren. Indem sie eine positive Kommunikationskultur fördern, in der Mitarbeiter sich sicher fühlen, ihre Meinungen zu äußern und Feedback zu geben, können Führungskräfte eine Atmosphäre schaffen, in der Mobbing keinen Platz hat.

Einhaltung der Richtlinien: Führungskräfte müssen sicherstellen, dass die Unternehmensrichtlinien zur Mobbingprävention nicht nur existieren, sondern auch aktiv eingehalten werden. Dazu gehört, dass sie die Mitarbeiter über die Bedeutung dieser Richtlinien informieren und Schulungen und Workshops anbieten, um das Bewusstsein für Mobbing und dessen Konsequenzen zu schärfen. Führungskräfte sollten auch darauf achten, dass die Richtlinien klar kommuniziert werden und jeder Mitarbeiter Zugang zu ihnen hat. Bei Verstößen gegen diese Richtlinien ist es die Pflicht der Führungskräfte, umgehend Maßnahmen zu ergreifen und die notwendigen Schritte einzuleiten, um die Richtlinien durchzusetzen und ein sicheres Arbeitsumfeld zu gewährleisten.

Unterstützung und Intervention: Im Falle von Mobbingverdacht sollten Führungskräfte proaktiv handeln. Es ist wichtig, ein offenes Ohr für betroffene Mitarbeiter zu haben und ihnen zuzuhören. Führungskräfte sollten die Situation sorgfältig evaluieren, um die Schwere des Problems zu verstehen und geeignete Maßnahmen zur Konfliktlösung einzuleiten. Dies könnte die Einberufung von Gesprächen mit den beteiligten Parteien, die Einsetzung von Mediatoren oder die Erarbeitung von individuellen Lösungsansätzen beinhalten. Es ist von zentraler Bedeutung, dass

Führungskräfte den betroffenen Mitarbeitern das Gefühl geben, ernst genommen zu werden und dass ihre Sorgen und Anliegen geachtet werden. Ein transparentes Vorgehen und die Dokumentation der Schritte zur Konfliktlösung sind ebenfalls wichtig, um Vertrauen zu schaffen und die Integrität des Prozesses sicherzustellen.

Verantwortlichkeiten der HR-Abteilung

Entwicklung und Implementierung von Richtlinien: Die HR-Abteilung trägt die Verantwortung für die Entwicklung und Implementierung klarer Richtlinien zur Mobbingprävention. Diese Richtlinien sollten nicht nur die Definition von Mobbing beinhalten, sondern auch Verfahren zu dessen Meldung, Untersuchung und den daraus resultierenden Konsequenzen. Es ist wichtig, dass diese Richtlinien im gesamten Unternehmen kommuniziert werden und dass alle Mitarbeiter – von der Führungsebene bis hin zu neuen Angestellten – darüber informiert sind. Um sicherzustellen, dass alle Mitarbeiter die Richtlinien verstehen, könnte die HR-Abteilung Informationsmaterialien, wie Handbücher oder Online-Ressourcen, zur Verfügung stellen.

Schulung und Weiterbildung: Ein weiterer zentraler Aspekt der HR-Verantwortlichkeiten ist die Planung und Durchführung von Schulungsprogrammen zur Sensibilisierung der Mitarbeiter und Führungskräfte. Diese Schulungen sollten regelmäßig stattfinden und Themen wie die Erkennung von Mobbing, die Bedeutung von Empathie und aktiver Kommunikation sowie die rechtlichen Rahmenbedingungen abdecken. Darüber hinaus sollten spezielle Schulungen für Führungskräfte angeboten werden, um deren Fähigkeiten im Umgang mit Konflikten zu stärken und sie darauf vorzubereiten, angemessen auf Mobbingvorfälle zu reagieren. Die HR-Abteilung sollte auch sicherstellen, dass Schulungen interaktiv gestaltet sind, um das Engagement der Teilnehmer zu fördern und die Inhalte nachhaltig zu verankern.

Erfassung und Analyse von Vorfällen: Ein effektives System zur Erfassung und Analyse von Mobbingvorfällen ist für die HR-Abteilung unerlässlich. Dieses System sollte es ermöglichen, Vorfälle anonym zu melden, um mögliche Hemmungen der Mitarbeiter zu verringern. Durch die Analyse der erfassten Daten kann die HR-Abteilung Muster erkennen, die auf systematische Probleme im Unternehmen hinweisen, und gezielte Maßnahmen zur Prävention und Intervention entwickeln. Eine regelmäßige Auswertung dieser Daten kann auch dazu beitragen, die Wirksamkeit bestehender Maßnahmen zu bewerten und bei Bedarf Anpassungen vorzunehmen.

Unterstützung für Betroffene: Die HR-Abteilung sollte betroffenen Mitarbeitern umfassende Unterstützung anbieten. Dies kann durch Beratungsgespräche, psychologische Unterstützung oder Mediation geschehen. Zudem sollte die HR-Abteilung den Mitarbeitern Informationen über externe Ressourcen zur Verfügung stellen, wie beispielsweise Beratungsstellen oder Hotlines, die auf Mobbing spezialisiert sind. Es ist wichtig, dass die HR-Abteilung eine vertrauliche Anlaufstelle bietet, in der Mitarbeiter ihre Anliegen äußern können, ohne Angst vor Repressalien haben zu müssen. Ein transparenter und unterstützender Ansatz kann den betroffenen Mitarbeitern helfen, mit den Auswirkungen von Mobbing umzugehen und wieder ein positives Arbeitsumfeld zu erleben.

Fazit

Kapitel 4 des Textes beschäftigt sich umfassend mit der Prävention von Mobbing am Arbeitsplatz und hebt die Notwendigkeit hervor, eine respektvolle und unterstützende Unternehmenskultur zu fördern. Mobbing ist ein ernsthaftes Problem, das nicht nur die betroffenen Mitarbeiter, sondern auch die gesamte

Organisation negativ beeinflusst. Um Mobbing effektiv zu verhindern, sind mehrere Strategien erforderlich, die in diesem Kapitel detailliert beschrieben werden.

Zunächst wird betont, dass die Unternehmenskultur und die klaren Werte für die Schaffung eines respektvollen Arbeitsumfeldes entscheidend sind. Unternehmen sollten spezifische Werte formulieren, offene Kommunikationskanäle etablieren und Diversity sowie Inklusion aktiv fördern. Führungskräfte spielen dabei eine zentrale Rolle als Vorbilder, indem sie die Unternehmenswerte leben und ein respektvolles Miteinander fördern.

Ein weiterer wichtiger Aspekt ist die Schulung und Sensibilisierung der Mitarbeiter und Führungskräfte. Durch gezielte Trainingsprogramme können Mitarbeiter für die verschiedenen Formen von Mobbing sensibilisiert und ihre Kommunikations- und Konfliktlösungsfähigkeiten gestärkt werden. Die Förderung von Empathie und emotionaler Intelligenz ist ebenfalls unerlässlich, um ein unterstützendes Arbeitsumfeld zu schaffen.

Schließlich werden die Rollen und Verantwortlichkeiten von Führungskräften und HR-Abteilungen in der Mobbingprävention hervorgehoben. Führungskräfte müssen als Vorbilder agieren, die Richtlinien konsequent einhalten und im

Falle von Mobbingverdacht aktiv intervenieren. Die HR-Abteilung ist für die Entwicklung klarer Richtlinien, die Durchführung von Schulungen und die Unterstützung betroffener Mitarbeiter verantwortlich.

Zusammenfassend lässt sich sagen, dass eine positive Unternehmenskultur, Schulungsmaßnahmen und klare Verantwortlichkeiten entscheidend für die Prävention von Mobbing am Arbeitsplatz sind. Unternehmen, die in diese Bereiche investieren, schaffen nicht nur ein angenehmeres Arbeitsumfeld, sondern steigern auch die Zufriedenheit und Loyalität ihrer Mitarbeiter. Ein respektvolles Arbeitsumfeld ist somit ein wesentlicher Faktor für den langfristigen Erfolg und die Wettbewerbsfähigkeit eines Unternehmens.

Kapitel 5: Intervention bei Mobbing

Mit den vorangegangenen Kapiteln haben wir festgestellt, das Mobbing am Arbeitsplatz ein ernstzunehmendes Problem darstellt, das nicht nur die betroffenen Mitarbeiter, sondern auch die gesamte Arbeitsumgebung negativ beeinflusst. Um Mobbing wirksam zu begegnen, ist es wichtig, nicht nur präventive Maßnahmen zu ergreifen, sondern auch effektive Interventionen zu implementieren, sobald Mobbing erkannt wird.

In diesem Kapitel werden die Erkennung von Mobbing, die Maßnahmen zur Intervention sowie die rechtlichen Aspekte, die dabei eine Rolle spielen, detailliert behandelt.

5.1 Erkennung von Mobbing: Warnsignale und verdeckte Mobbingformen

Die frühzeitige Erkennung von Mobbing ist entscheidend, um schnell und angemessen reagieren zu können. Mobbing kann sich in verschiedenen Formen manifestieren und oft sind die Anzeichen nicht sofort offensichtlich. Eine proaktive Haltung in Bezug auf die Identifizierung von Mobbing ist daher unerlässlich, um das Wohlbefinden der Mitarbeiter zu sichern und eine gesunde Arbeitsumgebung aufrechtzuerhalten.

Warnsignale

Zu den typischen Warnsignalen, die auf Mobbing hindeuten können, gehören eine Vielzahl von Verhaltensänderungen und emotionalen Reaktionen. Diese Signale können als Indikatoren dienen, dass ein Mitarbeiter unter stressigen und potenziell schädlichen Bedingungen leidet:

- **Verhaltensänderungen:** Ein Mitarbeiter, der zuvor engagiert, kommunikativ und motiviert war, kann plötzlich zurückgezogen, unmotiviert oder ängstlich wirken. Solche Veränderungen sind oftmals ein direktes Zeichen dafür, dass etwas nicht stimmt. Beispielsweise könnte ein ehemaliger Teamplayer beginnen, Meetings zu meiden oder sich von sozialen Interaktionen abzuwenden. Dieses Rückzugsverhalten kann auf ein Gefühl der Unsicherheit oder des Unbehagens im Team hinweisen, das durch Mobbing hervorgerufen wird.

- **Leistungsabfall:** Ein plötzlicher Rückgang der Arbeitsleistung oder Produktivität ist ein weiteres wichtiges Warnsignal. Mitarbeiter, die unter Mobbing leiden, haben häufig

Schwierigkeiten, sich zu konzentrieren oder ihre Aufgaben effizient zu erledigen. Dies kann sowohl durch emotionalen Stress als auch durch die ständige Angst vor weiteren Übergriffen verursacht werden. Es ist wichtig, diesen Rückgang nicht nur als bloße Nachlässigkeit zu betrachten, sondern als potenzielles Zeichen für tiefere Probleme.

- **Häufige Krankmeldungen:** Wenn ein Mitarbeiter häufig krank ist oder sich immer wieder auf psychische oder physische Beschwerden beruft, sollte dies ernst genommen werden. Übermäßige Abwesenheit kann ein Indikator für psychischen Stress sein, der durch Mobbing verursacht wird. Insbesondere psychische Erkrankungen, wie Angstzustände oder Depressionen, sind häufige Folgen von Mobbing und können dazu führen, dass Betroffene sich nicht in der Lage fühlen, zur Arbeit zu erscheinen.

- **Verbale oder nonverbale Anzeichen:** Häufige Klagen über Kollegen oder negative Kommentare über das Arbeitsumfeld können ebenfalls Hinweise auf Mobbing sein. Wenn ein Mitarbeiter ständig über seine Kollegen schimpft oder über die allgemeine Teamdynamik unzufrieden ist, könnte dies darauf hindeuten, dass er selbst Opfer von Mobbing ist oder Zeuge davon geworden ist. Auch nonverbale Anzeichen wie ein gesenkter Blick, hektische Bewegungen oder eine abweisende Körpersprache können darauf hinweisen, dass jemand unter Druck steht.

Verdeckte Mobbingformen

Neben den offensichtlichen Formen von Mobbing, wie physischem oder verbalem Missbrauch, existieren auch verdeckte Mobbingformen, die oft schwerer zu erkennen sind, aber ebenso schädlich sein können:

- **Soziale Isolation:** Ein Mitarbeiter wird absichtlich ausgeschlossen, was bedeutet, dass er von sozialen Interaktionen und Teamaktivitäten ferngehalten wird. Seine Meinungen und Beiträge werden ignoriert oder nicht gewürdigt. Diese bewusste Isolation kann zu einem tiefen Gefühl der Einsamkeit und Verzweiflung führen, was wiederum die psychische Gesundheit und die Motivation des Betroffenen beeinträchtigt. Es ist essentiell, die Dynamik innerhalb von Teams zu beobachten, um festzustellen, ob bestimmte Mitarbeiter systematisch ausgeschlossen werden.

- **Gerüchte und Rufschädigung:** Die Verbreitung von falschen Informationen oder Gerüchten über einen Mitarbeiter ist eine heimtückische Form des Mobbings. Solche Handlungen zielen darauf ab, das Ansehen des Betroffenen zu schädigen und seinen Status innerhalb des Teams zu untergraben. Dies kann dazu führen, dass andere Kollegen misstrauisch oder negativ gegenüber dem Betroffenen eingestellt sind, was die Situation weiter verschärft.

- **Manipulation von Informationen:** Wichtige Informationen werden absichtlich vorenthalten oder falsch dargestellt, was dazu führt, dass der betroffene Mitarbeiter in seiner Arbeit behindert wird. Dies kann nicht nur die Leistung des Mitarbeiters beeinträchtigen, sondern auch das Vertrauen innerhalb des Teams untergraben. Wenn Mitarbeiter das Gefühl haben, dass sie nicht die notwendigen Informationen erhalten, um ihre Aufgaben erfolgreich zu erfüllen, kann dies zu Frustration und einem Gefühl der Unzulänglichkeit führen.

Eine fundierte Schulung der Mitarbeiter und Führungskräfte kann entscheidend dazu beitragen, diese Warnsignale und verdeckten Formen von Mobbing frühzeitig zu erkennen. Hierbei sollten

Schulungsinhalte nicht nur die Identifikation von Mobbing umfassen, sondern auch Strategien zur Förderung eines respektvollen und unterstützenden Arbeitsumfelds. Workshops, Seminare und regelmäßige Teambesprechungen können helfen, das Bewusstsein für die Thematik zu schärfen und eine offene Kommunikationskultur zu etablieren, in der Mitarbeiter sich sicher fühlen, ihre Bedenken zu äußern

5.2 Maßnahmen zur Intervention: Beschwerdeverfahren, Mediation, Unterstützung für Betroffene

Sobald Mobbing erkannt wird, ist es von entscheidender Bedeutung, schnell und effizient zu intervenieren, um den betroffenen Mitarbeitern Unterstützung zu bieten und ein gesundes Arbeitsumfeld wiederherzustellen. Unternehmen können verschiedene Maßnahmen ergreifen, um sowohl die Situation der Betroffenen zu verbessern als auch präventiv gegen Mobbing vorzugehen. Die drei zentralen Maßnahmen sind ein transparentes Beschwerdeverfahren, die Durchführung von Mediationen und die Bereitstellung umfassender Unterstützung für Betroffene.

Beschwerdeverfahren

Ein transparentes und zugängliches Beschwerdeverfahren ist eine Grundvoraussetzung, um Mitarbeitern die Möglichkeit zu geben, Mobbingvorfälle zu melden. Ein solches Verfahren fördert nicht nur das Vertrauen in die Unternehmensstruktur, sondern zeigt auch, dass das Unternehmen die Anliegen seiner Mitarbeiter ernst nimmt. In diesem Kontext ist es entscheidend, dass sich die Mitarbeiter sicher fühlen, ihre Beschwerden ohne Angst vor negativen Konsequenzen äußern zu können. Um dies zu gewährleisten, sollten folgende Aspekte umfassend berücksichtigt und implementiert werden:

Anonyme Meldemöglichkeiten

Die Bereitstellung anonymer Meldemöglichkeiten ist ein entscheidender Schritt zur Ermutigung der Mitarbeiter, Vorfälle vertraulich zu melden. Anonyme Hotlines, Online-Formulare oder spezielle Apps können als Plattformen dienen, auf denen Mitarbeiter ihre Erfahrungen und Beobachtungen ohne Nennung ihrer Identität mitteilen können. Diese Anonymität ist von großer Bedeutung, da sie nicht nur die Identität der Betroffenen schützt, sondern auch das Risiko von Repressalien minimiert.

Ein effektives anonymes Meldesystem sollte:

- **Regelmäßig beworben werden:** Um sicherzustellen, dass alle Mitarbeiter über die verfügbaren Optionen informiert sind, ist es wichtig, diese Systeme regelmäßig zu kommunizieren. Dies kann durch interne Newsletter, Schulungen oder Informationsveranstaltungen geschehen. Auch die Sichtbarkeit in den Büros, beispielsweise durch Plakate oder Informationsblätter, kann dazu beitragen, das Bewusstsein zu schärfen.

- **Benutzerfreundlich gestaltet sein:** Die Meldemöglichkeiten sollten intuitiv und leicht zugänglich sein. Komplexe Prozesse oder lange Formulare könnten dazu führen, dass Mitarbeiter von einer Meldung absehen. Daher ist es wichtig, dass die Benutzeroberfläche klar strukturiert und die Eingabeschritte verständlich sind.

- **Vertraulichkeitsgarantien bieten:** Die Mitarbeiter sollten klar darüber informiert werden, dass ihre Meldungen vertraulich behandelt werden. Dies kann durch eine schriftliche Erklärung oder Informationen auf der Webseite des Meldesystems geschehen. Eine transparente Kommunikation darüber, wie die Anonymität gewahrt bleibt, ist entscheidend, um das Vertrauen in das System zu stärken.

Klare Richtlinien

Um das Beschwerdeverfahren zu einem vertrauensvollen und strukturierten Prozess zu machen, sollten Unternehmen klare und nachvollziehbare Richtlinien entwickeln, die den Prozess der Beschwerdeeinreichung detailliert beschreiben. Diese Richtlinien sollten folgende Elemente umfassen:

- **Detaillierte Prozessbeschreibung:** Die Richtlinien sollten jeden Schritt des Verfahrens darlegen, von der Einreichung der Beschwerde bis zur abschließenden Bearbeitung. Dies umfasst die Schritte zur Untersuchung des Vorfalls, die Art der Informationen, die gesammelt werden, und die möglichen Ergebnisse des Verfahrens.

- **Erwartete Zeitrahmen:** Klare Zeitrahmen für jede Phase des Verfahrens sind wichtig, um den Mitarbeitern eine Vorstellung davon zu geben, wie lange die Bearbeitung ihrer Beschwerde in Anspruch nehmen könnte. Diese Transparenz kann das Vertrauen in das System stärken und den Mitarbeitern helfen, realistische Erwartungen zu entwickeln.

- **Reaktionsmechanismen:** Die Richtlinien sollten auch die Reaktionsmechanismen des Unternehmens auf gemeldete Vorfälle erläutern. Dazu gehört, wie das Unternehmen sicherstellt, dass angemessene Maßnahmen ergriffen werden, um die Situation zu klären oder zu beheben, und welche Schritte unternommen werden, um eine Wiederholung des Vorfalls zu verhindern.

Schulung der Ansprechpersonen

Die Mitarbeiter, die die Beschwerden entgegennehmen, spielen eine zentrale Rolle im Beschwerdeverfahren. Daher ist es unerlässlich, dass diese Personen speziell im Umgang mit sensiblen Themen geschult werden. Die Schulung sollte folgende Aspekte umfassen:

- **Entwicklung von Empathie und Verständnis:** Die Ansprechpersonen sollten in der Lage sein, sich in die Lage der betroffenen Mitarbeiter zu versetzen. Dies bedeutet, dass sie die emotionalen und psychologischen Auswirkungen von Mobbing verstehen und angemessen darauf reagieren können. Empathie ist entscheidend, um eine vertrauensvolle Beziehung zwischen den

Ansprechpersonen und den
Beschwerdeführern aufzubauen.

- **Fähigkeit zur gezielten Fragestellung:** Die
  Schulung sollte die Ansprechpersonen darauf
  vorbereiten, die richtigen Fragen zu stellen, um
  den Vorfall vollständig zu erfassen. Dies
  umfasst nicht nur technische Fragen zum
  Vorfall selbst, sondern auch offene Fragen, die
  den Betroffenen die Möglichkeit geben, ihre
  Erfahrungen und Gefühle zu teilen. Eine gute
  Gesprächsführung kann dazu beitragen, dass
  die Betroffenen sich gehört und verstanden
  fühlen.

- **Rechtliche Rahmenbedingungen und
  Unternehmensrichtlinien:** Die Schulung
  sollte auch eine umfassende Einführung in die
  rechtlichen Rahmenbedingungen und die
  spezifischen Unternehmensrichtlinien in Bezug
  auf Mobbing umfassen. Dies stellt sicher, dass
  die Ansprechpersonen kompetent und
  verantwortungsbewusst handeln und die
  richtigen Schritte einleiten, um den Vorfall zu
  bearbeiten. Ein fundiertes Verständnis der
  rechtlichen Aspekte schützt nicht nur die
  Betroffenen, sondern auch das Unternehmen
  vor möglichen rechtlichen Konsequenzen.

Durch die sorgfältige Implementierung dieser Aspekte im Beschwerdeverfahren können Unternehmen ein Umfeld schaffen, in dem Mitarbeiter sich sicher fühlen, Vorfälle zu melden, und in dem Mobbing ernst genommen und konsequent behandelt wird. Dies fördert nicht nur das Wohlbefinden der Mitarbeiter, sondern stärkt auch die gesamte Unternehmenskultur.

Mediation

Mediation stellt ein äußerst effektives Instrument zur Lösung von Konflikten zwischen beteiligten Parteien dar. Dieser strukturierte Prozess wird von einem neutralen Dritten, dem Mediator, geleitet, der darauf abzielt, die Kommunikation zwischen den Konfliktparteien zu fördern und sie dabei zu unterstützen, gemeinsam akzeptable Lösungen zu finden. Mediation ist besonders wertvoll, da sie eine freiwillige und vertrauliche Methode ist, die es den Parteien ermöglicht, ihre Differenzen in einem sicheren und respektvollen Umfeld zu klären. Um die Mediation erfolgreich zu gestalten, sind mehrere wesentliche Punkte zu beachten, die im Folgenden detailliert erläutert werden.

Zielgerichtete Gespräche

Ein zentrales Ziel der Mediation ist es, Missverständnisse auszuräumen und ein respektvolles Miteinander wiederherzustellen. Der Mediator spielt hierbei eine entscheidende Rolle, indem er die Gespräche strukturiert und die Beteiligten dazu anregt, die Perspektiven des jeweils anderen zu verstehen. Dies erfordert eine hohe Sensibilität und die Fähigkeit, empathisch zuzuhören. Der Mediator sollte aktiv darauf hinarbeiten, dass jede Partei die Möglichkeit erhält, ihre Sichtweise darzulegen, ohne dass Unterbrechungen oder Bewertungen stattfinden. Diese Struktur ist entscheidend, um eine vertrauensvolle Atmosphäre zu schaffen, in der sich die Beteiligten sicher fühlen, ihre Gedanken und Gefühle offen zu äußern.

Um zielgerichtete Gespräche zu fördern, kann der Mediator verschiedene Techniken anwenden, die im Folgenden erläutert werden:

- **Aktives Zuhören**: Diese Technik ist eine der grundlegendsten Fähigkeiten, die ein Mediator beherrschen sollte. Aktives Zuhören bedeutet, dass der Mediator die Aussagen der Parteien aufmerksam verfolgt und sie in eigenen Worten zusammenfasst. Dies dient nicht nur der Klarheit, um Missverständnisse zu vermeiden, sondern zeigt auch, dass die Äußerungen der Beteiligten ernst genommen werden. Durch diese Methode wird ein Gefühl des Respekts und der Wertschätzung gefördert, was das

Vertrauen zwischen den Parteien stärkt und zu einer offeneren Kommunikation führt.

- **Offene Fragen stellen**: Der Einsatz offener Fragen ist ein weiteres wichtiges Werkzeug in der Mediation. Offene Fragen ermutigen die Parteien, tiefer über ihre Bedürfnisse und Interessen nachzudenken und ihre Gedanken ausführlicher darzulegen. Anstatt geschlossene Fragen zu stellen, die nur mit „Ja" oder „Nein" beantwortet werden können, fördert der Mediator durch gezielte, offene Fragen einen Dialog, der es ermöglicht, die Wurzeln des Konflikts zu identifizieren. Dies hilft nicht nur, die Ursachen des Problems zu verstehen, sondern auch, Lösungen zu entwickeln, die für beide Seiten akzeptabel sind.

- **Gemeinsame Zielsetzung**: Der Mediator unterstützt die Parteien dabei, gemeinsame Ziele zu formulieren, die als Grundlage für die Diskussion dienen. Diese Technik lenkt den Fokus von den Konflikten auf die Lösung und fördert die Zusammenarbeit. Durch die Definition gemeinsamer Ziele wird ein Gefühl der Einheit geschaffen, das es den Parteien erleichtert, zusammenzuarbeiten und Kompromisse zu finden. Bei der gemeinsamen Zielsetzung ist es wichtig, dass alle Parteien aktiv in den Prozess eingebunden werden und ihre Wünsche und Bedürfnisse berücksichtigt werden.

Durch diese Techniken wird eine Atmosphäre geschaffen, in der konstruktive Zusammenarbeit möglich ist. Die Teilnehmer lernen, die Bedürfnisse und Perspektiven der anderen zu respektieren, was letztlich dazu beiträgt, Konflikte nachhaltig zu lösen. Der Mediator fungiert hierbei nicht nur als Vermittler, sondern als Katalysator für Verständnis und Zusammenarbeit, indem er die Parteien ermutigt, ihre Konflikte selbstständig und kreativ zu lösen.

Zusammenfassend lässt sich sagen, dass die Mediation ein flexibles und anpassungsfähiges Verfahren ist, das den Beteiligten die Möglichkeit gibt, ihre Differenzen in einem geschützten Rahmen zu klären. Sie fördert nicht nur die Lösung von Konflikten, sondern trägt auch zu einem respektvollen und kooperativen Arbeitsumfeld bei.

Freiwilligkeit

Ein weiterer entscheidender Aspekt der Mediation ist die Freiwilligkeit der Teilnahme. Es ist von grundlegender Bedeutung, dass alle Beteiligten aus eigenem Antrieb und ohne äußeren Druck an der

Mediation teilnehmen. Zwang oder Druck können die Bereitschaft zur Kooperation erheblich verringern und die Situation weiter verschärfen. Wenn die Teilnehmer das Gefühl haben, dass sie zur Mediation gezwungen werden, kann dies zu Widerstand und einem defensiven Verhalten führen, was den Lösungsprozess behindert.

Die Freiwilligkeit sorgt dafür, dass die Teilnehmer motiviert sind, aktiv an der Lösung des Konflikts zu arbeiten. Sie sind eher bereit, offen über ihre Gefühle und Bedürfnisse zu sprechen, was zu einem authentischen Dialog führt. Um diese Freiwilligkeit zu fördern, sollte der Mediator zu Beginn des Prozesses klarstellen, dass die Teilnahme an der Mediation freiwillig ist und dass jede Partei jederzeit das Recht hat, den Prozess abzubrechen, wenn sie dies wünscht.

Darüber hinaus kann es hilfreich sein, die Vorteile einer Mediation zu betonen, wie etwa die Möglichkeit, selbstbestimmte Lösungen zu erarbeiten und die Beziehung zu den anderen Beteiligten zu verbessern. Dies kann die Bereitschaft zur Zusammenarbeit und zur aktiven Teilnahme am Mediationsprozess weiter steigern.

Vertraulichkeit

Ein essenzieller Bestandteil der Mediation ist die
Vertraulichkeit des gesamten Prozesses. Diese
Vertraulichkeit ist von großer Bedeutung, da sie den
Teilnehmern Sicherheit und Schutz bietet. Nur in
einem geschützten Rahmen sind die Beteiligten bereit,
offen über ihre Gedanken, Gefühle und Erfahrungen
zu sprechen, ohne Angst haben zu müssen, dass ihre
Aussagen gegen sie verwendet werden könnten.

Zu Beginn der Mediation sollte der Mediator die
Vertraulichkeit klar kommunizieren und erläutern,
dass alle Informationen, die während des Prozesses
ausgetauscht werden, nicht an Dritte weitergegeben
werden dürfen. Dies schafft ein Gefühl von Sicherheit
und Vertrauen, das für den Erfolg der Mediation
unerlässlich ist. Die Einhaltung von Vertraulichkeit
fördert zudem eine ehrliche und respektvolle
Kommunikation, die für die Lösung des Konflikts
entscheidend ist.

Zusammenfassend lässt sich sagen, dass Mediation
ein wirkungsvolles Werkzeug zur Konfliktlösung ist,
wenn die genannten Aspekte – zielgerichtete
Gespräche, Freiwilligkeit und Vertraulichkeit –
beachtet werden. Durch die Schaffung eines
konstruktiven Rahmens können die beteiligten
Parteien in einem geschützten und respektvollen

Umfeld Lösungen erarbeiten, die ihre Beziehungen stärken und zukünftige Konflikte vermeiden helfen.

Unterstützung für Betroffene

Die Unterstützung für betroffene Mitarbeiter ist ein zentraler Bestandteil der Intervention bei Mobbing und sollte umfassend gestaltet werden. Unternehmen haben die Verantwortung, ein Umfeld zu schaffen, in dem sich alle Mitarbeiter sicher und respektiert fühlen. Mobbing kann erhebliche emotionale, psychische und sogar physische Auswirkungen auf die Betroffenen haben, weshalb es entscheidend ist, verschiedene Ressourcen bereitzustellen, die ihnen helfen, mit diesen Herausforderungen umzugehen. Im Folgenden werden einige wesentliche Unterstützungsangebote näher erläutert:

Psychologische Beratung

Der Zugang zu qualifizierten Psychologen oder Beratern ist eine der fundamentalsten Maßnahmen, die Unternehmen ergreifen sollten, um betroffenen Mitarbeitern zu helfen, die emotionalen und psychischen Belastungen, die durch Mobbing verursacht werden, zu bewältigen. Psychologische Unterstützung kann in unterschiedlichen Formaten angeboten werden, darunter:

- **Einzelgespräche:** Diese persönlichen Sitzungen ermöglichen es den Mitarbeitern, ihre spezifischen Erfahrungen und Gefühle im vertraulichen Rahmen zu besprechen. Ein professioneller Berater kann gezielte Strategien zur Bewältigung von Stress, Angstzuständen und Depressionen vermitteln sowie Werkzeuge zur Stärkung des Selbstwertgefühls bereitstellen.

- **Gruppenberatungen:** In Gruppensettings können Betroffene ihre Erfahrungen mit Gleichgesinnten teilen. Dies fördert nicht nur das Gefühl, nicht allein zu sein, sondern bietet auch die Möglichkeit, voneinander zu lernen und verschiedene Bewältigungsmechanismen zu diskutieren.

- **Workshops:** Unternehmen können Workshops anbieten, die sich auf Themen wie Stressbewältigung, Kommunikation und Konfliktlösung konzentrieren. Solche Veranstaltungen fördern nicht nur die persönliche Entwicklung, sondern stärken auch die Gruppendynamik und das Zugehörigkeitsgefühl.

Es ist von entscheidender Bedeutung, dass Mitarbeiter über diese Angebote informiert sind und

dass der Zugang zu diesen Dienstleistungen
unkompliziert und vertraulich gestaltet wird. Ein klar
kommuniziertes Informationssystem über die
verfügbaren Unterstützungsmöglichkeiten kann dazu
beitragen, dass betroffene Mitarbeiter die Hilfe in
Anspruch nehmen, die sie benötigen.

Peer-Support-Programme

Die Einrichtung von Unterstützungsgruppen oder
Mentoren ist eine weitere wichtige Maßnahme, um
betroffenen Mitarbeitern zu helfen, sich
auszutauschen und Solidarität zu erfahren. Peer-
Support-Programme fördern eine Kultur des
Zusammenhalts und der gegenseitigen Unterstützung
innerhalb des Unternehmens. Diese Gruppen bieten
ein sicheres und vertrauliches Umfeld, in dem
Mitarbeiter ihre Erfahrungen teilen und voneinander
lernen können. Die Vorteile solcher Programme
umfassen:

- **Erfahrungsaustausch:** Mitarbeiter können
  ihre persönlichen Geschichten und
  Bewältigungsstrategien teilen, was zu einem
  Gefühl der Gemeinschaft und des
  Verständnisses führt.

- **Mentorship:** Durch die Zuweisung von
  Mentoren, die ähnliche Erfahrungen gemacht
  haben, können Betroffene von den Einsichten

und Ratschlägen erfahrener Kollegen profitieren. Mentoren können auch als vertrauensvolle Ansprechpartner fungieren, die den betroffenen Mitarbeitern helfen, sich in der Arbeitsumgebung besser zurechtzufinden.

- **Stärkung des Zusammenhalts:** Peer-Support-Programme tragen zur Schaffung eines stärkeren Teamgeistes bei und fördern die Entwicklung von Empathie und Unterstützung unter den Mitarbeitern. Dies kann langfristig zu einem positiven Arbeitsklima beitragen und das Risiko von Mobbing verringern.

Rückkehrmanagement

Bei längerfristigen Ausfällen aufgrund von Mobbing sollte ein strukturiertes Rückkehrmanagement implementiert werden, um den betroffenen Mitarbeitern den Wiedereinstieg in den Arbeitsalltag zu erleichtern. Ein effektives Rückkehrmanagement umfasst mehrere wichtige Elemente:

- **Individueller Rückkehrplan:** Die Erstellung eines maßgeschneiderten Rückkehrplans, der die spezifischen Bedürfnisse und Herausforderungen des betroffenen

Mitarbeiters berücksichtigt, ist essenziell.
Dieser Plan kann schrittweise
Integrationsmaßnahmen beinhalten, wie etwa
eine reduzierte Arbeitszeit oder die Zuweisung
von unterstützenden Aufgaben, um den
Wiedereinstieg zu erleichtern.

- **Offene Kommunikation:** Es ist wichtig, ein
  offenes Ohr für die Bedürfnisse der Rückkehrer
  zu haben, um mögliche Ängste und
  Unsicherheiten zu adressieren. Regelmäßige
  Gespräche zwischen dem betroffenen
  Mitarbeiter, dem Vorgesetzten und der
  Personalabteilung können dazu beitragen,
  Missverständnisse zu vermeiden und
  Vertrauen aufzubauen.

- **Teamintegration:** Um die Integration in das
  Team zu fördern, können Teambuilding-
  Aktivitäten oder Workshops organisiert
  werden, die darauf abzielen, das Verständnis
  und die Zusammenarbeit im Team zu stärken.
  Dies hilft nicht nur dem Rückkehrer, sich
  wieder wohlzufühlen, sondern fördert auch ein
  unterstützendes Umfeld für alle Mitarbeiter.

Durch die Implementierung dieser Maßnahmen
können Unternehmen nicht nur effektive
Interventionen bei Mobbingvorfällen durchführen,

sondern auch eine präventive Kultur der Offenheit und Unterstützung schaffen. Solche Initiativen tragen dazu bei, das Vertrauen der Mitarbeiter in die Organisation zu stärken und ein respektvolles sowie wertschätzendes Arbeitsumfeld zu fördern. Die Investition in die Unterstützung betroffener Mitarbeiter ist nicht nur eine moralische Verantwortung, sondern auch eine strategische Entscheidung, die zur langfristigen Stabilität und Zufriedenheit im Unternehmen beiträgt.

5.3 Rechtliche Aspekte: Arbeitsrechtliche Rahmenbedingungen und Schutzmaßnahmen

Die rechtlichen Rahmenbedingungen spielen eine zentrale Rolle bei der Intervention von Mobbing am Arbeitsplatz. Sie bilden den rechtlichen und ethischen Rahmen, innerhalb dessen Unternehmen agieren müssen, und sind entscheidend für den Schutz der Mitarbeiter. Unternehmen stehen nicht nur in der Verantwortung, die relevanten Gesetze und Vorschriften zu kennen und einzuhalten, sondern sie müssen auch proaktive Maßnahmen ergreifen, um eine respektvolle und sichere Arbeitsumgebung zu schaffen. Diese Verantwortung geht über das bloße Einhalten von Vorschriften hinaus; sie umfasst auch die aktive Förderung einer Unternehmenskultur, in der Mobbing und Diskriminierung keinen Platz haben. Eine solche Kultur ist nicht nur moralisch notwendig, sondern auch rechtlich geboten, da eine missachtete Verantwortung gegenüber den Mitarbeitern zu schwerwiegenden rechtlichen Konsequenzen führen kann.

Arbeitsrechtliche Rahmenbedingungen

In vielen Ländern existieren spezielle Gesetze, die den Schutz von Arbeitnehmern vor Mobbing und Diskriminierung regeln. Diese Gesetze sind häufig in einem umfassenden rechtlichen Rahmen verankert, der darauf abzielt, die Rechte und die Würde der Mitarbeiter zu schützen. Die Ausgestaltung dieser Gesetze kann variieren, jedoch beinhalten sie in der Regel fundamentale Aspekte, die für den Schutz der Mitarbeiter von großer Bedeutung sind:

- **Allgemeines Gleichbehandlungsgesetz (AGG):** In Deutschland ist das AGG ein zentrales Element des rechtlichen Rahmens, der Diskriminierung am Arbeitsplatz vorbeugen soll. Es schützt Arbeitnehmer vor Benachteiligungen aufgrund von Merkmalen wie Geschlecht, Alter, ethnischer Herkunft, Religion, Behinderung, sexueller Identität sowie anderen persönlichen Eigenschaften.

Mobbing, das auf einer dieser Diskriminierungsformen basiert, wird als besonders schwerwiegender Verstoß angesehen. Die rechtlichen Konsequenzen für ein Unternehmen können erheblich sein, einschließlich Schadensersatzansprüchen durch betroffene Mitarbeiter. Arbeitnehmer haben das Recht, sich gegen solche diskriminierenden Handlungen zu wehren, was nicht nur das individuelle Wohlbefinden, sondern auch das allgemeine Arbeitsklima beeinflusst. Unternehmen sind daher verpflichtet, geeignete Maßnahmen zu ergreifen, um eine diskriminierungsfreie Umgebung zu fördern, was von der Sensibilisierung der Belegschaft bis hin zur Implementierung klarer Handlungsrichtlinien reicht.

- **Arbeitsschutzgesetz (ArbSchG):** Dieses Gesetz verpflichtet Arbeitgeber, die Sicherheit und Gesundheit ihrer Mitarbeiter zu gewährleisten, was auch den Schutz der psychischen Gesundheit umfasst. Arbeitgeber haben die Pflicht, potenzielle Gefährdungen für die psychische Gesundheit am Arbeitsplatz zu identifizieren und zu minimieren. Dazu gehört die Durchführung von

Gefährdungsbeurteilungen, die auch die Risiken von Mobbing und psychischer Belastung berücksichtigen sollten. Ein Verstoß gegen das ArbSchG kann nicht nur zu rechtlichen Konsequenzen führen, sondern auch das Arbeitsklima erheblich beeinträchtigen und die Produktivität der Mitarbeiter in Mitleidenschaft ziehen. Unternehmen müssen daher regelmäßige Schulungen und Sensibilisierungsmaßnahmen durchführen, um sicherzustellen, dass alle Mitarbeiter, einschließlich der Führungskräfte, über die Risiken und Folgen von Mobbing informiert sind und wissen, wie sie darauf reagieren können.

Schutzmaßnahmen

Um rechtliche Konsequenzen zu vermeiden und eine sichere Arbeitsumgebung zu schaffen, sollten Unternehmen eine Reihe von proaktiven Schutzmaßnahmen ergreifen. Diese Maßnahmen tragen nicht nur zur Einhaltung der gesetzlichen Vorgaben bei, sondern fördern auch eine positive Unternehmenskultur:

- **Schulung der Führungskräfte:** Es ist von entscheidender Bedeutung, dass Führungskräfte umfassend über ihre rechtlichen Pflichten informiert werden. Schulungsprogramme sollten darauf abzielen, das Bewusstsein für die Problematik des Mobbings zu schärfen und Führungskräfte in der Entwicklung von Fähigkeiten zu schulen, die es ihnen ermöglichen, ein respektvolles und unterstützendes Arbeitsumfeld zu fördern. Dazu gehört auch das Erlernen von Kommunikationsstrategien, um Konflikte zu deeskalieren und ein offenes Ohr für die Anliegen der Mitarbeiter zu haben. Führungskräfte sollten als Vorbilder fungieren und durch ihr Verhalten eine Kultur des Respekts und der Offenheit fördern.

- **Dokumentation von Vorfällen:** Eine sorgfältige Dokumentation von Mobbingvorfällen sowie den darauf folgenden Maßnahmen ist unerlässlich. Diese Dokumentation dient nicht nur als Nachweis dafür, dass das Unternehmen angemessen reagiert hat, sondern kann auch in rechtlichen Auseinandersetzungen von entscheidender Bedeutung sein. Unternehmen sollten klare Verfahren zur Meldung und Dokumentation von Vorfällen festlegen, um sicherzustellen, dass alle relevanten Informationen erfasst werden. Dies kann helfen, Muster zu erkennen und geeignete Maßnahmen zu ergreifen, bevor die Situation eskaliert. Eine transparente und nachvollziehbare Dokumentation fördert zudem das Vertrauen der Mitarbeiter in die Unternehmenspolitik und zeigt, dass das Unternehmen die Problematik ernst nimmt.

- **Etablierung von Richtlinien:** Die Entwicklung klarer Unternehmensrichtlinien zur Mobbingprävention und -intervention ist ein weiterer wichtiger Schritt. Solche Richtlinien sollten nicht nur die Definition von Mobbing und die Konsequenzen für mobbendes Verhalten umfassen, sondern auch Verfahren zur Meldung und Bearbeitung von Beschwerden festlegen. Klare Richtlinien helfen, rechtliche Risiken zu minimieren und die Verantwortlichkeiten innerhalb des Unternehmens klar zu definieren. Zudem sollten diese Richtlinien regelmäßig überprüft und aktualisiert werden, um sicherzustellen, dass sie den aktuellen rechtlichen Anforderungen und den Bedürfnissen der Mitarbeiter entsprechen. Eine transparente Kommunikation dieser Richtlinien an alle Mitarbeiter ist ebenfalls entscheidend, um sicherzustellen, dass jeder über seine Rechte und Pflichten informiert ist.

Zusammenfassend lässt sich sagen, dass eine proaktive Herangehensweise an die rechtlichen Aspekte von Mobbing am Arbeitsplatz nicht nur zur Einhaltung gesetzlicher Vorgaben beiträgt, sondern auch eine wichtige Grundlage für ein gesundes und produktives Arbeitsumfeld bildet. Unternehmen, die die rechtlichen Rahmenbedingungen ernst nehmen und entsprechende Schutzmaßnahmen implementieren, können nicht nur rechtlichen Konsequenzen vorbeugen, sondern auch das Wohlbefinden und die Zufriedenheit ihrer Mitarbeiter nachhaltig fördern. Ein respektvolles und unterstützendes Arbeitsumfeld ist nicht nur für die Mitarbeiter von Vorteil, sondern führt auch zu einer höheren Produktivität und einer besseren Zusammenarbeit im Unternehmen.

Zusammenfassung / Fazit

Kapitel 5 des Textes behandelt die Intervention bei Mobbing am Arbeitsplatz und hebt die Dringlichkeit und Notwendigkeit effektiver Maßnahmen hervor, um die negativen Auswirkungen von Mobbing auf Mitarbeiter und die gesamte Arbeitsumgebung zu minimieren.

Das Kapitel gliedert sich in drei Hauptabschnitte: die Erkennung von Mobbing, die Maßnahmen zur Intervention und die rechtlichen Aspekte.

1. **Erkennung von Mobbing**: Es wird betont, dass eine frühzeitige Identifikation von Mobbing entscheidend ist. Typische Warnsignale sind Verhaltensänderungen, Leistungsabfall, häufige Krankmeldungen sowie verbale und nonverbale Hinweise. Zudem werden verdeckte Mobbingformen, wie soziale Isolation und Rufschädigung, thematisiert. Eine fundierte Schulung für Mitarbeiter und Führungskräfte ist notwendig, um diese Anzeichen frühzeitig zu erkennen und eine unterstützende Arbeitsumgebung zu fördern.

2. **Maßnahmen zur Intervention**: Nach der Erkennung von Mobbing sollten Unternehmen proaktive Maßnahmen ergreifen. Dazu gehört die Einführung eines transparenten Beschwerdeverfahrens, das es den Mitarbeitern ermöglicht, Vorfälle anonym zu melden, sowie die Durchführung von Mediationen zur Konfliktlösung. Unterstützung für betroffene Mitarbeiter ist ebenfalls zentral, wobei psychologische Beratung und Peer-Support-Programme als wichtige Ressourcen

hervorgehoben werden. Ein strukturiertes Rückkehrmanagement für Mitarbeiter, die aufgrund von Mobbing längere Zeit abwesend waren, wird ebenfalls empfohlen.

3. **Rechtliche Aspekte**: Der rechtliche Rahmen für den Schutz der Mitarbeiter ist entscheidend. Gesetze wie das Allgemeine Gleichbehandlungsgesetz (AGG) und das Arbeitsschutzgesetz (ArbSchG) verpflichten Unternehmen, eine diskriminierungsfreie und sichere Arbeitsumgebung zu gewährleisten. Proaktive Maßnahmen, wie Schulungen für Führungskräfte und die Dokumentation von Vorfällen, sind notwendig, um rechtliche Konsequenzen zu vermeiden und eine positive Unternehmenskultur zu fördern.

Das Kapitel verdeutlicht, dass Mobbing am Arbeitsplatz ein ernstzunehmendes Problem darstellt, das einer umfassenden und strukturierten Intervention bedarf. Eine frühzeitige Erkennung, transparente Beschwerdemechanismen und rechtliche Rahmenbedingungen sind essenziell, um ein respektvolles Arbeitsumfeld zu schaffen. Unternehmen, die in präventive Maßnahmen und die Unterstützung betroffener Mitarbeiter investieren, tragen nicht nur zur Verbesserung des Wohlbefindens ihrer Belegschaft bei, sondern fördern auch die langfristige Stabilität und Produktivität innerhalb des Unternehmens.

Kapitel 6: Fallstudien und Best Practices

In diesem Kapitel werden wir uns mit verschiedenen Fallstudien und Best Practices von Unternehmen beschäftigen, die erfolgreich Mobbing am Arbeitsplatz bekämpft haben. Diese Beispiele zeigen auf, wie gezielte Interventionen und eine positive Unternehmenskultur dazu beitragen können, ein respektvolles und sicheres Arbeitsumfeld zu schaffen. Darüber hinaus werden wir die wichtigsten Erkenntnisse und Lektionen, die aus diesen Fallstudien gewonnen werden können, herausarbeiten.

Erfolgreiche Interventionen: Beispiele aus Unternehmen, die Mobbing erfolgreich bekämpft haben

1. Fallstudie: Unternehmen A - Proaktive Schulungsprogramme

Unternehmensprofil

Unternehmen A ist ein mittelständisches IT-Unternehmen mit etwa 250 Mitarbeitern, das sich auf Softwareentwicklung und IT-Dienstleistungen spezialisiert hat. In den letzten Jahren hatte das Unternehmen mit einer steigenden Anzahl von

Mobbingvorfällen und einer sinkenden Mitarbeiterzufriedenheit zu kämpfen. Dies führte zu einer erhöhten Fluktuation, häufigen Krankheitsausfällen und einem spürbaren Rückgang der Produktivität. Um diesen Herausforderungen zu begegnen, entschloss sich das Unternehmen, ein umfassendes Schulungsprogramm zu entwickeln und umzusetzen, das sich mit dem Thema Mobbing sowie den damit verbundenen Aspekten respektvolle Kommunikation und Teamarbeit befasste.

Programminhalte und Durchführung

Das Schulungsprogramm wurde in Zusammenarbeit mit externen Fachleuten, darunter Psychologen und Kommunikationstrainer, entwickelt. Die Schulungen umfassten mehrere Module, die sowohl theoretische als auch praktische Elemente beinhalteten:

1. **Theoretische Grundlagen**: In den ersten Sitzungen wurden die Begriffe Mobbing, Belästigung und toxisches Verhalten definiert. Die Teilnehmer lernten, die verschiedenen Formen von Mobbing zu erkennen und die Auswirkungen auf die Betroffenen sowie die gesamte Unternehmenskultur zu verstehen.

2. **Respektvolle Kommunikation**: Ein zentraler Bestandteil des Programms war die Schulung in respektvoller Kommunikation. Die

Mitarbeiter lernten Techniken zur konstruktiven Konfliktlösung, aktives Zuhören und empathische Kommunikation. Dies half den Teilnehmern, Missverständnisse zu vermeiden und ein respektvolles Miteinander zu fördern.

3. **Teamarbeit und Gruppendynamik**: In diesem Modul lag der Fokus auf der Stärkung des Teamgeistes und der Zusammenarbeit. Durch verschiedene Gruppenaktivitäten und Rollenspiele wurden die Mitarbeiter ermutigt, ihre eigenen Verhaltensweisen zu reflektieren und die Dynamik innerhalb ihrer Teams zu verbessern.

4. **Praktische Übungen**: Die Schulungen beinhalteten auch Rollenspiele, in denen die Mitarbeiter typische Mobbing-Situationen nachstellen konnten. Diese Übungen ermöglichten es den Teilnehmern, sich in die Lage der Betroffenen zu versetzen und empathisch zu reagieren. Darüber hinaus wurden Gruppendiskussionen moderiert, in denen die Teilnehmer ihre eigenen Erfahrungen teilen und gemeinsam Lösungen entwickeln konnten.

Ergebnisse der Implementierung

Die Implementierung des Schulungsprogramms hatte signifikante Auswirkungen auf die Unternehmenskultur und das Arbeitsumfeld von Unternehmen A:

- **Reduktion der Mobbingvorfälle**: Nach einem Jahr der Schulungen sank die Anzahl der gemeldeten Mobbingvorfälle um 40 %. Die Mitarbeiter fühlten sich ermutigt, Probleme offen anzusprechen, und die Schulungen förderten ein Bewusstsein für respektvolles Verhalten.

- **Erhöhtes Vertrauen in die Führungskräfte**: Durch die Schulungen entwickelten die Führungskräfte ein besseres Verständnis für die Herausforderungen ihrer Mitarbeiter. Dies führte zu einer stärkeren Unterstützung und einem offenen Ohr für Anliegen, was das Vertrauen der Mitarbeiter in die Führungsebene erheblich steigerte.

- **Verbessertes Gemeinschaftsgefühl**: Die Schulungen förderten den Teamgeist und die Zusammenarbeit. Mitarbeiter berichteten von einem stärkeren Gemeinschaftsgefühl, was sich positiv auf die Interaktionen innerhalb der Teams auswirkte.

- **Steigerung der Mitarbeiterzufriedenheit**: Die allgemeine Mitarbeiterzufriedenheit verbesserte sich erheblich. Umfragen zeigten, dass die Mitarbeiter sich sicherer fühlten und mehr Freude an ihrer Arbeit hatten. Diese positive Entwicklung führte zu einer höheren Produktivität und weniger Krankheitsausfällen.

Lessons Learned

Die Fallstudie von Unternehmen A bietet wertvolle Erkenntnisse für andere Organisationen, die ähnliche Herausforderungen angehen möchten:

1. **Regelmäßige Schulungen sind entscheidend**: Die Einführung regelmäßiger Schulungen hat das Bewusstsein für Mobbing und respektvolle Kommunikation signifikant erhöht. Unternehmen sollten kontinuierliche Fortbildungsangebote etablieren, um eine langfristige Veränderung der Unternehmenskultur zu erreichen.

2. **Externe Experten einbeziehen**: Die Zusammenarbeit mit externen Fachleuten brachte neue Perspektiven und Methoden in das Unternehmen. Diese Expertise kann helfen, interne blinde Flecken zu erkennen und innovative Ansätze zur Förderung eines respektvollen Miteinanders zu entwickeln.

3. **Aktive Einbindung der Mitarbeiter**: Die aktive Teilnahme der Mitarbeiter an den Schulungen, insbesondere durch Rollenspiele und Gruppendiskussionen, förderte nicht nur das Verständnis für die Thematik, sondern auch den Austausch von Erfahrungen und Lösungen. Dies stärkt das Gemeinschaftsgefühl und die Identifikation mit dem Unternehmen.

4. **Management-Engagement**: Die Unterstützung und das Engagement des Managements sind unerlässlich für den Erfolg solcher Programme. Wenn Führungskräfte aktiv an den Schulungen teilnehmen und deren Bedeutung unterstreichen, wird dies von den Mitarbeitern ernst genommen und trägt zu einer positiven Kulturveränderung bei.

Durch die Umsetzung dieser Best Practices und die fortlaufende Arbeit an der Unternehmenskultur kann Unternehmen A nicht nur Mobbing effektiv bekämpfen, sondern auch ein respektvolles und produktives Arbeitsumfeld schaffen, in dem Mitarbeiter ihr volles Potenzial entfalten können.

2. Fallstudie: Unternehmen B - Implementierung einer Null-Toleranz-Politik

Unternehmen B ist ein großes Einzelhandelsunternehmen mit mehreren Filialen in verschiedenen Ländern. Mit über 10.000 Mitarbeitern zählt das Unternehmen zu den führenden Anbietern in seiner Branche. In den letzten Jahren sah sich das Unternehmen mit einem Anstieg von Mobbingvorfällen und den damit verbundenen negativen Auswirkungen auf die Unternehmenskultur konfrontiert. Diese Probleme führten zu einer sinkenden Mitarbeiterzufriedenheit und einer hohen Fluktuationsrate, was das Unternehmen dazu veranlasste, Maßnahmen zu ergreifen.

Einführung der Null-Toleranz-Politik

Um die Herausforderungen im Bereich Mobbing zu bewältigen, entschied sich die Unternehmensleitung von Unternehmen B, eine strikte Null-Toleranz-Politik gegen Mobbing einzuführen. Diese Politik wurde nicht nur als Reaktion auf die bestehenden Probleme formuliert, sondern auch als langfristige Strategie zur Förderung eines respektvollen und sicheren Arbeitsumfelds.

1. **Kommunikation der Richtlinie**: Die Null-Toleranz-Politik wurde klar und deutlich an alle Mitarbeiter kommuniziert. Dies geschah durch

Informationsveranstaltungen, interne Newsletter und Aushänge in den Filialen. Die Unternehmensführung stellte sicher, dass alle Mitarbeiter die Richtlinie verstanden und wusste, dass Mobbing in jeglicher Form nicht toleriert wird.

2. **Spezifische Maßnahmen**: Die Richtlinie umfasste klare Verfahrensweisen für den Umgang mit Mobbingvorfällen. Dazu gehörten:

   - **Sofortige Untersuchungen**: Alle Meldungen über Mobbing wurden umgehend untersucht. Ein internes Team von geschulten Mitarbeitern wurde eingesetzt, um die Vorfälle zu prüfen und gegebenenfalls Maßnahmen zu ergreifen.

   - **Konsequenzen für Täter**: Die Richtlinie sah klare Konsequenzen für Mitarbeiter vor, die sich an Mobbing beteiligten. Je nach Schwere des Vorfalls konnten Disziplinarmaßnahmen bis hin zur Kündigung ergriffen werden.

   - **Schutz der Opfer**: Das Unternehmen implementierte auch Maßnahmen zum Schutz der Opfer, um sicherzustellen, dass sie sich sicher fühlen und keine Repressalien befürchten mussten.

Ergebnisse der Implementierung

Die Einführung der Null-Toleranz-Politik zeigte innerhalb von zwei Jahren signifikante positive Auswirkungen auf Unternehmen B:

- **Reduktion der Mobbingvorfälle**: Innerhalb von zwei Jahren sank die Zahl der gemeldeten Mobbingvorfälle um 50 %. Die klare Kommunikation der Richtlinie und das Engagement des Managements führten dazu, dass Mitarbeiter sich sicherer fühlten, Vorfälle zu melden.

- **Rückgang von Krankheitsausfällen**: Mit der Verbesserung des Arbeitsklimas und der Reduzierung von Mobbingvorfällen verzeichnete das Unternehmen einen deutlichen Rückgang der Krankheitsausfälle. Mitarbeiter berichteten von weniger Stress und einem besseren emotionalen Wohlbefinden.

- **Reduzierte Fluktuation**: Die Mitarbeiterbindung erhöhte sich ebenfalls. Durch die Schaffung eines respektvollen Arbeitsumfelds fühlten sich die Mitarbeiter wertgeschätzt und engagiert, was zu einer niedrigeren Fluktuationsrate führte. Dies sparte dem Unternehmen erhebliche Kosten, die normalerweise mit der Rekrutierung und Einarbeitung neuer Mitarbeiter verbunden sind.

- **Verbessertes Mitarbeiterengagement**: Die Mitarbeiter berichteten von einer höheren Zufriedenheit mit ihrem Arbeitsplatz. Die klare Haltung des Unternehmens gegenüber Mobbing und die Unterstützung durch das Management führten zu einem größeren Vertrauen in die Unternehmensführung und einem stärkeren Gemeinschaftsgefühl unter den Mitarbeitern.

Lessons Learned

Die Fallstudie von Unternehmen B bietet wertvolle Erkenntnisse für andere Organisationen, die ähnliche Herausforderungen bewältigen möchten:

1. **Klare und konsequente Kommunikation**: Die erfolgreiche Umsetzung der Null-Toleranz-Politik basierte auf einer klaren und konsequenten Kommunikation der Richtlinien. Unternehmen sollten sicherstellen, dass alle Mitarbeiter über die Erwartungen und Verhaltensstandards informiert sind.

2. **Management-Unterstützung**: Die
    Unterstützung und das Engagement des
    Managements sind entscheidend für den Erfolg
    solcher Initiativen. Wenn Führungskräfte die
    Richtlinien aktiv fördern und als Vorbilder
    agieren, wird dies das Engagement der
    Mitarbeiter stärken und eine Kultur der
    Verantwortung schaffen.

3. **Schutz der Opfer**: Es ist wichtig, Maßnahmen
    zum Schutz der Opfer von Mobbing zu
    implementieren. Dies schafft ein sicheres
    Umfeld, in dem Mitarbeiter sich wohlfühlen,
    Vorfälle zu melden, ohne Repressalien
    befürchten zu müssen.

4. **Langfristige Perspektive**: Die Einführung
    einer Null-Toleranz-Politik sollte nicht als
    einmalige Maßnahme betrachtet werden.
    Unternehmen müssen langfristige Strategien
    entwickeln, um eine positive
    Unternehmenskultur zu fördern und
    kontinuierlich an der Verbesserung des
    Arbeitsumfelds zu arbeiten.

Durch die Umsetzung dieser Best Practices kann
Unternehmen B nicht nur Mobbing effektiv
bekämpfen, sondern auch ein respektvolles und
produktives Arbeitsumfeld schaffen, das die

Mitarbeiterzufriedenheit und die Unternehmensleistung steigert.

3. Fallstudie: Unternehmen C - Förderung eines offenen Dialogs

Unternehmensprofil

Unternehmen C ist ein global agierendes Unternehmen in der Dienstleistungsbranche mit Hauptsitz in Europa und Niederlassungen in Nordamerika, Asien und Australien. Mit mehr als 5.000 Mitarbeitern weltweit bietet das Unternehmen eine Vielzahl von Dienstleistungen in den Bereichen Beratung, IT und Kundenbetreuung an. Die Unternehmenskultur wurde historisch als hierarchisch und wenig transparent wahrgenommen, was zu einem Anstieg von Spannungen und Konflikten zwischen den Mitarbeitern führte. Um die Mitarbeiterzufriedenheit zu erhöhen und die Zusammenarbeit zu verbessern, entschied sich die Unternehmensführung, eine Kultur des offenen Dialogs zu etablieren.

Einführung der Kultur des offenen Dialogs

Die Unternehmensleitung erkannte, dass ein offener Dialog unerlässlich ist, um ein positives Arbeitsumfeld zu schaffen und Mobbing vorzubeugen. Daher wurden mehrere Maßnahmen ergriffen, um den Austausch zwischen den Mitarbeitern und der Führungsebene zu fördern:

1. **Regelmäßige Feedback-Runden**:
   Unternehmen C führte monatliche Feedback-Runden in allen Abteilungen ein. Diese Treffen wurden sowohl in Präsenz als auch virtuell durchgeführt, um sicherzustellen, dass alle Mitarbeiter teilnehmen konnten. In diesen Sitzungen hatten die Mitarbeiter die Möglichkeit, ihre Meinungen und Bedenken in einem geschützten Rahmen zu äußern. Die Führungskräfte wurden angehalten, aktiv zuzuhören und konstruktive Rückmeldungen zu geben.

2. **Anonyme Umfragen**: Um sicherzustellen, dass alle Mitarbeiter die Möglichkeit hatten, ihre Bedenken offen zu äußern, wurden anonyme Umfragen eingeführt. Diese Umfragen wurden vierteljährlich durchgeführt und deckten verschiedene Themen ab, darunter das Arbeitsumfeld, Teamdynamik und spezifische Fragen zu Mobbing und Belästigung. Die Anonymität der Umfragen gewährleistete, dass die Mitarbeiter ehrlich und direkt Feedback geben konnten, ohne Angst vor negativen Konsequenzen.

3. **Schulungen für Führungskräfte**: Um
    sicherzustellen, dass die Führungskräfte in der
    Lage waren, die neue Kultur des offenen
    Dialogs erfolgreich umzusetzen, wurden
    Schulungen angeboten. Diese Schulungen
    umfassten Themen wie aktives Zuhören,
    empathische Kommunikation und die
    Bedeutung von Feedback. Die Führungskräfte
    lernten, wie sie ein unterstützendes Umfeld
    schaffen konnten, das die Mitarbeiter
    ermutigte, ihre Bedenken zu äußern.

Ergebnisse der Implementierung

Die Maßnahmen zur Förderung eines offenen Dialogs
zeigten innerhalb des ersten Jahres signifikante
positive Auswirkungen auf Unternehmen C:

- **Reduktion der Mobbingvorfälle**: Die Anzahl
  der gemeldeten Mobbingvorfälle sank um 30 %
  innerhalb des ersten Jahres. Die Mitarbeiter
  fühlten sich sicherer, ihre Bedenken zu äußern,
  was zu einer schnelleren Identifizierung und
  Lösung von Problemen führte.

- **Frühzeitige Problemerkennung**: Durch die
  offene Kommunikation waren die Mitarbeiter
  eher bereit, Probleme frühzeitig anzusprechen.
  Dies führte dazu, dass Konflikte schneller
  gelöst werden konnten, bevor sie sich zu

größeren Problemen entwickelten. Die Führungskräfte konnten proaktiv auf Bedenken reagieren und entsprechende Maßnahmen ergreifen.

- **Verbesserte Teamdynamik**: Unternehmen C bemerkte eine signifikante Verbesserung der Teamdynamik und der Zusammenarbeit. Die Mitarbeiter fühlten sich ermutigt, ihre Ideen und Vorschläge einzubringen, was zu einer kreativeren und produktiveren Arbeitsumgebung führte. Die Teammitglieder arbeiteten enger zusammen und unterstützten sich gegenseitig, was die allgemeine Moral im Unternehmen steigerte.

- **Steigerung der Mitarbeiterzufriedenheit**: Die regelmäßigen Feedback-Runden und anonymen Umfragen führten zu einer höheren Mitarbeiterzufriedenheit. Mitarbeiter berichteten von einem stärkeren Gefühl der Zugehörigkeit und Wertschätzung am Arbeitsplatz. Dies spiegelte sich in den Ergebnissen der Umfragen wider, bei denen die Zufriedenheit der Mitarbeiter um 25 % gestiegen ist.

Lessons Learned

Die Fallstudie von Unternehmen C bietet wertvolle Erkenntnisse für andere Organisationen, die ähnliche Herausforderungen bewältigen möchten:

1. **Offenes und unterstützendes Klima schaffen**: Ein offenes und unterstützendes Arbeitsumfeld fördert das Vertrauen unter den Mitarbeitern. Wenn Mitarbeiter wissen, dass ihre Meinungen geschätzt werden und sie ohne Angst vor Repressalien sprechen können, sind sie eher bereit, über Mobbing und andere Probleme zu berichten.

2. **Wichtigkeit von regelmäßigem Feedback**: Regelmäßige Feedback-Runden sind entscheidend, um ein kontinuierliches Gespräch zwischen Mitarbeitern und Führungskräften zu fördern. Dieses Format ermöglicht es, Probleme frühzeitig zu erkennen und zu adressieren, bevor sie zu schwerwiegenden Konflikten führen.

3. **Anonymität als Schlüssel zur Ehrlichkeit**: Anonyme Umfragen sind ein effektives Mittel, um ehrliches Feedback zu sammeln. Sie geben den Mitarbeitern die Möglichkeit, ihre Gedanken und Bedenken offen zu äußern,

ohne sich Sorgen über mögliche negative Konsequenzen machen zu müssen.

4. **Schulung der Führungskräfte**: Die Schulung der Führungskräfte in Kommunikation und Konfliktmanagement ist entscheidend für den Erfolg einer offenen Dialogkultur. Führungskräfte müssen in der Lage sein, die Bedenken der Mitarbeiter ernst zu nehmen und angemessen darauf zu reagieren.

Durch die Etablierung einer Kultur des offenen Dialogs hat Unternehmen C nicht nur die Anzahl der Mobbingvorfälle reduziert, sondern auch eine positive und produktive Arbeitsumgebung geschaffen. Die Mitarbeiter fühlen sich gehört, geschätzt und motiviert, was letztlich zu einer höheren Zufriedenheit und besseren Teamdynamik führt. Diese Fallstudie zeigt, dass die Förderung eines offenen Dialogs eine wirksame Strategie zur Verbesserung der Unternehmenskultur und zur Bekämpfung von Mobbing ist.

Lessons Learned: Was andere Unternehmen daraus lernen können

Die oben genannten Fallstudien verdeutlichen, dass es eine Vielzahl von effektiven Ansätzen gibt, um Mobbing am Arbeitsplatz zu bekämpfen. Diese Strategien können nicht nur die Unternehmenskultur positiv beeinflussen, sondern auch das Wohlbefinden und die Produktivität der Mitarbeiter fördern. Hier sind einige der wichtigsten Lektionen, die andere Unternehmen aus diesen Beispielen ziehen können:

1. **Schulung und Sensibilisierung**: Regelmäßige Schulungen und Workshops sind von zentraler Bedeutung, um das Bewusstsein für Mobbing zu schärfen und die Kommunikationsfähigkeiten der Mitarbeiter zu verbessern. Diese Schulungen sollten nicht nur einmalig, sondern kontinuierlich angeboten werden, um eine dauerhafte Sensibilisierung zu gewährleisten. Inhalte könnten Themen wie die verschiedenen Formen von Mobbing, die Auswirkungen auf das individuelle und kollektive Wohlbefinden sowie Strategien zur Konfliktlösung umfassen. Ein interaktiver Ansatz, der Rollenspiele oder Gruppendiskussionen einbezieht, kann den Teilnehmern helfen, das Gelernte in realistischen Szenarien anzuwenden.

Unternehmen sollten in die Weiterbildung ihrer Mitarbeiter investieren, um eine respektvolle und inklusive Unternehmenskultur zu fördern, die Mobbing proaktiv entgegenwirkt.

2. **Klare Richtlinien und Konsequenzen**: Die Implementierung einer klaren und kommunizierten Null-Toleranz-Politik gegenüber Mobbing ist entscheidend, um eine sichere Arbeitsumgebung zu gewährleisten. Alle Mitarbeiter sollten über die spezifischen Richtlinien informiert werden, die das Verhalten am Arbeitsplatz regeln. Zudem ist es wichtig, dass diese Richtlinien leicht verständlich sind und konkrete Beispiele für Mobbingverhalten enthalten. Es sollte auch deutlich gemacht werden, welche Konsequenzen bei Verstößen drohen, um sicherzustellen, dass alle Mitarbeiter die Ernsthaftigkeit der Richtlinien erkennen. Regelmäßige Auffrischungen dieser Informationen durch interne Kommunikation, wie z.B. Newsletter oder Mitarbeiterversammlungen, können helfen, diese Richtlinien im Bewusstsein des Teams zu verankern.

3. **Offene Kommunikation fördern**: Unternehmen sollten ein Umfeld schaffen, das

offene Diskussionen und Feedback fördert. Dies kann durch die Einführung anonymer Umfragen und regelmäßiger Feedback-Runden geschehen, die dazu beitragen, Probleme frühzeitig zu identifizieren und Lösungen zu finden. Ein solches Umfeld ermutigt Mitarbeiter, ihre Bedenken ohne Angst vor Repressalien zu äußern. Auch die Schaffung von sicheren Räumen für Gespräche, in denen Mitarbeiter ihre Erfahrungen und Gefühle teilen können, ist von großer Bedeutung. Darüber hinaus sollten Führungskräfte aktiv zuhören und auf Bedenken eingehen, um das Vertrauen der Mitarbeiter zu gewinnen und zu stärken.

4. **Management-Engagement**: Das Engagement der Unternehmensleitung ist entscheidend für die Schaffung einer positiven Unternehmenskultur. Führungskräfte sollten nicht nur die Werte des Unternehmens vorleben, sondern auch aktiv an Schulungen und Workshops teilnehmen, um die Wichtigkeit des Themas zu unterstreichen. Durch transparente Kommunikation und sichtbare Unterstützung von Initiativen gegen Mobbing können Führungskräfte ein Beispiel geben, das andere Mitarbeiter ermutigt,

ähnliche Verhaltensweisen zu zeigen. Zudem sollten Führungskräfte regelmäßig ihre eigene Leistung im Hinblick auf die Schaffung eines respektvollen Arbeitsumfelds reflektieren und bereit sein, sich weiterzuentwickeln.

5. **Monitoring und Evaluation**: Unternehmen sollten die Wirksamkeit ihrer Maßnahmen zur Bekämpfung von Mobbing regelmäßig überwachen und evaluieren. Dies umfasst die Analyse von Umfrageergebnissen, die Überprüfung von Mobbingberichten und die Bewertung der allgemeinen Mitarbeiterzufriedenheit. Regelmäßige Evaluierungen ermöglichen es, festzustellen, ob die gesetzten Ziele erreicht werden und ob Anpassungen an den bestehenden Strategien vorgenommen werden müssen. Darüber hinaus sollte ein kontinuierlicher Verbesserungsprozess etabliert werden, um sicherzustellen, dass die Maßnahmen stets den aktuellen Bedürfnissen der Mitarbeiter gerecht werden und effektiv bleiben.

Zusammengefasst zeigt sich, dass die Bekämpfung von Mobbing am Arbeitsplatz ein vielschichtiger Prozess ist, der Engagement auf allen Ebenen erfordert. Unternehmen, die diese Lektionen beherzigen, können eine respektvolle und unterstützende Arbeitsumgebung schaffen, die nicht nur das Wohlbefinden der Mitarbeiter fördert, sondern auch die gesamte Organisation stärkt.

Kapitel 7: Ausblick und Handlungsempfehlungen

Zukunft von Mobbing am Arbeitsplatz: Trends und Entwicklungen

In der modernen Arbeitswelt wird Mobbing am Arbeitsplatz zunehmend als ernstzunehmendes Problem wahrgenommen, das nicht nur individuelle, sondern auch kollektive Auswirkungen auf Unternehmen hat. Die sich ständig verändernden Rahmenbedingungen, geprägt von der Digitalisierung, dem Anstieg der Remote-Arbeit und dem wachsenden Fokus auf psychische Gesundheit, haben die Dynamiken von Mobbing neu gestaltet und die Notwendigkeit für effektive Präventionsstrategien verstärkt.

Ein zentraler Trend ist die zunehmende Sichtbarkeit und Sensibilisierung für Mobbing, insbesondere durch soziale Medien und öffentliche Diskussionen. Plattformen wie Twitter, LinkedIn und Facebook haben es Mitarbeitern erleichtert, ihre Erfahrungen zu teilen und sich gegenseitig zu unterstützen. Diese Offenheit hat dazu beigetragen, das Stigma, das oft mit dem Thema Mobbing verbunden ist, abzubauen. Mitarbeiter sind heute eher bereit, über ihre belastenden Erlebnisse zu berichten, was eine Kultur des Dialogs und der Solidarität fördert. Diese Veränderungen erfordern von Unternehmen, dass sie nicht nur auf Vorfälle reagieren, sondern proaktive Maßnahmen zur Prävention ergreifen. Schulungen zur Sensibilisierung und Workshops zur Förderung eines respektvollen Miteinanders sind daher unerlässlich, um ein respektvolles Arbeitsumfeld zu schaffen.

Ein weiterer bedeutender Trend ist die Implementierung von Technologien zur Überwachung und Analyse von Mitarbeiterinteraktionen. Mit dem Aufkommen von Künstlicher Intelligenz und Datenanalysen können Unternehmen potenzielle Mobbing-Dynamiken frühzeitig erkennen und gezielte Schulungs- und Unterstützungsmaßnahmen einleiten. Beispielsweise können Algorithmen, die Kommunikationsmuster analysieren, Veränderungen im Verhalten eines Mitarbeiters identifizieren, die auf Mobbing hindeuten könnten. Diese Technologien bieten zwar die Möglichkeit, Mobbing frühzeitig zu erkennen, aber es ist entscheidend, dass sie ethisch eingesetzt werden und die Privatsphäre der Mitarbeiter respektiert wird. Der Einsatz von Überwachungstechnologien darf nicht zu einem Gefühl der Unsicherheit oder des Misstrauens führen; stattdessen sollten sie Teil einer umfassenden Strategie zur Förderung des Wohlbefindens und der psychischen Gesundheit am Arbeitsplatz sein.

Darüber hinaus hat die Zunahme von Remote-Arbeit die Art und Weise, wie Mobbing erlebt und wahrgenommen wird, erheblich verändert. In virtuellen Arbeitsumgebungen können subtile Formen von Mobbing schwerer zu erkennen sein, da nonverbale Kommunikation und persönliche Interaktionen fehlen. Dies erfordert neue Ansätze zur Identifikation und Intervention. Unternehmen müssen Schulungen anbieten, die speziell auf die Herausforderungen der digitalen Kommunikation eingehen, um sicherzustellen, dass Mitarbeiter auch im virtuellen Raum respektvoll miteinander umgehen.

Ein weiterer Aspekt ist der wachsende Fokus auf psychische Gesundheit und das Wohlbefinden der Mitarbeiter. Unternehmen erkennen zunehmend, dass ein gesundes Arbeitsumfeld nicht nur die Produktivität steigert, sondern auch die Mitarbeiterbindung und -zufriedenheit fördert. Initiativen zur Förderung der psychischen Gesundheit, wie etwa Zugang zu Beratungsdiensten und Stressbewältigungsprogrammen, werden immer wichtiger, um einen Raum zu schaffen, in dem Mitarbeiter sich sicher fühlen, ihre Sorgen zu äußern.

Zusammenfassend lässt sich sagen, dass die Zukunft des Mobbings am Arbeitsplatz von verschiedenen Faktoren geprägt ist, die sowohl Herausforderungen als auch Chancen mit sich bringen. Unternehmen sind gefordert, sich diesen Veränderungen anzupassen und innovative Lösungen zu entwickeln, um ein respektvolles und unterstützendes Arbeitsumfeld zu gewährleisten. Die Kombination aus technologischen Ansätzen, einer offenen Unternehmenskultur und einem klaren Fokus auf das Wohlbefinden der Mitarbeiter wird entscheidend sein, um Mobbing effektiv zu bekämpfen und eine positive Arbeitsumgebung zu fördern.

Handlungsempfehlungen für Unternehmen: Strategien zur langfristigen Vermeidung von Mobbing

Um Mobbing langfristig zu vermeiden, sollten Unternehmen eine ganzheitliche und proaktive Strategie verfolgen, die mehrere Dimensionen umfasst. Hier sind einige essentielle Handlungsempfehlungen:

1. **Kultureller Wandel**: Der erste Schritt in der Mobbingprävention ist die Etablierung einer Unternehmenskultur, die Respekt, Wertschätzung und Zusammenarbeit in den Mittelpunkt stellt. Dies beginnt bei der klaren Definition und Kommunikation von Unternehmenswerten, die diese Prinzipien widerspiegeln. Führungskräfte spielen hierbei eine entscheidende Rolle, da sie als Vorbilder

fungieren sollten. Sie müssen nicht nur die
Unternehmenswerte vorleben, sondern auch
aktiv für ein respektvolles Verhalten eintreten
und dies in ihren täglichen Interaktionen
demonstrieren. Regelmäßige Meetings und
Workshops können helfen, diese kulturellen
Werte zu stärken und sicherzustellen, dass alle
Mitarbeiter sich ihrer Bedeutung bewusst sind.

2. **Regelmäßige Schulungen**: Um das
   Bewusstsein für Mobbing zu schärfen und die
   Fähigkeiten der Mitarbeiter im Umgang mit
   Konflikten zu stärken, sind umfassende
   Schulungsprogramme unerlässlich. Diese
   Schulungen sollten nicht einmalig, sondern
   regelmäßig durchgeführt werden, um
   sicherzustellen, dass die Inhalte stets frisch und
   relevant bleiben. Sie sollten Themen wie
   Mobbing, Kommunikation, Empathie und
   Konfliktlösung abdecken. Interaktive Formate,
   wie Rollenspiele und Gruppenarbeiten, können
   die Teilnehmer aktiv einbinden und das
   Gelernte vertiefen. Darüber hinaus sollten
   spezifische Schulungen für Führungskräfte
   angeboten werden, um ihnen zu helfen,
   potenzielle Probleme frühzeitig zu erkennen
   und angemessen zu reagieren.

3. **Offene Kommunikationskanäle**: Um eine
    Kultur der Offenheit und Ehrlichkeit zu fördern,
    sollten Unternehmen Plattformen schaffen, die
    den Mitarbeitern ermöglichen, ihre Gedanken
    und Bedenken frei zu äußern. Anonyme
    Feedback-Mechanismen sind hierbei
    besonders hilfreich, da sie den Mitarbeitern die
    Möglichkeit bieten, ihre Erfahrungen und
    Sorgen ohne Angst vor Repressalien zu teilen.
    Regelmäßige Mitarbeiterbefragungen können
    ebenfalls dazu beitragen, ein Gefühl der
    Sicherheit zu schaffen und wertvolle Einblicke
    in die Mitarbeiterzufriedenheit und mögliche
    Problembereiche zu gewinnen. Die Ergebnisse
    dieser Befragungen sollten transparent
    kommuniziert und in konkrete Maßnahmen
    umgesetzt werden, um das Vertrauen der
    Mitarbeiter zu stärken.

4. **Klare Richtlinien und Verfahren**: Die
    Implementierung klarer Richtlinien zur
    Mobbingprävention und -intervention ist
    entscheidend für eine effektive
    Mobbingbekämpfung. Diese Richtlinien sollten
    für alle Mitarbeiter zugänglich und verständlich
    sein und detaillierte Informationen über die
    Schritte zur Meldung von Vorfällen sowie die
    Konsequenzen für mobbendes Verhalten

enthalten. Schulungen zur Vertrautheit mit diesen Richtlinien sind ebenfalls wichtig, um sicherzustellen, dass alle Mitarbeiter wissen, wie sie in einer problematischen Situation handeln können. Ein transparenter Prozess zur Untersuchung von Meldungen und ein faires Verfahren zur Bearbeitung von Beschwerden sind unerlässlich, um das Vertrauen in das System zu stärken.

5. **Unterstützung für Betroffene**: Unternehmen sollten umfassende Unterstützungsangebote für Mitarbeiter bereitstellen, die von Mobbing betroffen sind. Dazu gehören Zugang zu psychologischer Beratung, Peer-Support-Programmen sowie Schulungen zur Resilienzstärkung. Weiterhin sollte ein strukturiertes Rückkehrmanagement für Mitarbeiter, die aufgrund von Mobbing abwesend waren, etabliert werden. Dieses Programm sollte sicherstellen, dass die Rückkehr in das Arbeitsumfeld reibungslos verläuft und dass betroffene Mitarbeiter die nötige Unterstützung erhalten, um sich wieder sicher und wohl zu fühlen. Regelmäßige Nachgespräche können helfen, den Integrationsprozess zu begleiten und sicherzustellen, dass die Mitarbeiter in ihrer

neuen Rolle die notwendige Unterstützung erfahren.

Zusammenfassend lässt sich sagen, dass die langfristige Vermeidung von Mobbing am Arbeitsplatz eine umfassende und vielschichtige Herangehensweise erfordert. Durch die Kombination aus kulturellem Wandel, kontinuierlicher Schulung, offenen Kommunikationskanälen, klaren Richtlinien und umfassender Unterstützung können Unternehmen ein respektvolles und sicheres Arbeitsumfeld schaffen, in dem Mobbing keinen Platz hat.

Rolle der Führungskräfte: Wie Führungskräfte als Vorbilder agieren können

Führungskräfte haben eine zentrale Verantwortung in der Gestaltung und Aufrechterhaltung einer respektvollen Unternehmenskultur. Ihre Verhaltensweisen, Entscheidungen und Einstellungen haben einen direkten Einfluss auf die Mitarbeiter und die allgemeine Teamdynamik. Um eine positive Arbeitsumgebung zu fördern, in der Mobbing keinen Platz hat, sollten Führungskräfte aktiv als Vorbilder agieren. Hier sind einige ausführlichere Möglichkeiten, wie sie dies tun können:

1. **Offene Kommunikation fördern**:
   Führungskräfte sollten nicht nur darauf warten,
   dass Mitarbeiter mit ihren Anliegen zu ihnen
   kommen, sondern aktiv den Dialog suchen.
   Das bedeutet, regelmäßige Feedback-
   Gespräche zu initiieren, in denen Mitarbeiter
   die Gelegenheit haben, ihre Meinungen und
   Sorgen offen zu äußern. Eine „Offene Tür"-
   Politik kann dabei helfen, Barrieren abzubauen
   und das Vertrauen zu stärken. Es ist wichtig,
   dass Führungskräfte sich Zeit nehmen, um
   zuzuhören, und dass sie die Anliegen der
   Mitarbeiter ernst nehmen. Durch aktives
   Zuhören und wertschätzende Rückmeldungen
   können sie eine Atmosphäre schaffen, in der
   Mitarbeiter sich sicher fühlen, ihre Gedanken
   und Gefühle zu teilen, ohne Angst vor
   negativen Konsequenzen zu haben.

2. **Empathie zeigen**: Empathisches Verhalten ist
   ein Schlüssel zur Schaffung eines respektvollen
   Arbeitsumfeldes. Führungskräfte sollten sich
   bewusst in die Lage ihrer Mitarbeiter versetzen
   und deren Perspektiven ernsthaft verstehen.
   Dies kann durch regelmäßige „Check-ins"
   geschehen, in denen die Führungskraft die
   Mitarbeiter nach ihrem Befinden fragt und sich
   aktiv für deren persönliche und berufliche

Herausforderungen interessiert. Empathie zeigt sich auch in der Fähigkeit, auf emotionale Bedürfnisse einzugehen, beispielsweise durch Unterstützung in schwierigen Zeiten oder durch das Angebot von flexiblen Arbeitsmodellen, die den individuellen Bedürfnissen der Mitarbeiter gerecht werden. Ein empathisches Führungsverhalten fördert nicht nur das Wohlbefinden der Mitarbeiter, sondern stärkt auch das Zugehörigkeitsgefühl und das Engagement im Team.

3. **Konflikte proaktiv angehen**: Führungskräfte sollten nicht wegsehen, wenn sie Anzeichen von Mobbing oder unangemessenem Verhalten bemerken. Stattdessen ist es entscheidend, proaktiv zu handeln. Dies bedeutet, regelmäßig das Teamklima zu überprüfen und Gespräche über mögliche Spannungen zu initiieren. Bei Konflikten sollten Führungskräfte als Mediatoren auftreten, um Missverständnisse zu klären und Lösungen zu finden. Eine offene Herangehensweise an Konflikte zeigt den Mitarbeitern, dass es in Ordnung ist, Probleme anzusprechen, und dass die Führungskraft bereit ist, Verantwortung zu übernehmen und Unterstützung zu bieten. Durch die Förderung eines transparenten und respektvollen

Umgangs mit Konflikten wird eine Kultur der Verantwortung etabliert, in der Teammitglieder sich sicher fühlen, ihre Bedenken zu äußern.

4. **Vorbildfunktion bei der Einhaltung der Richtlinien**: Führungskräfte müssen die festgelegten Unternehmensrichtlinien aktiv unterstützen und selbst vorleben. Indem sie die Unternehmenswerte im täglichen Handeln demonstrieren, setzen sie einen Maßstab für das Verhalten ihrer Mitarbeiter. Dies umfasst die konsequente Anwendung von Verhaltensrichtlinien und die sofortige Reaktion auf Verstöße. Wenn Führungskräfte beispielsweise in einem Teammeeting respektvoll miteinander umgehen und alle Stimmen hören, ermutigen sie die Mitarbeiter, dies ebenfalls zu tun. Ihr Engagement für die Einhaltung von Richtlinien zur Mobbingprävention ist entscheidend, um das Thema ernst zu nehmen und das Vertrauen der Mitarbeiter in die Unternehmensführung zu stärken.

5. **Fortbildung und Entwicklung**: Um in der Lage zu sein, auf die emotionalen und zwischenmenschlichen Herausforderungen im Team einzugehen, sollten Führungskräfte kontinuierlich an ihrer eigenen Weiterbildung

arbeiten. Dies kann durch die Teilnahme an Schulungen und Workshops erfolgen, die sich auf Themen wie Konfliktmanagement, emotionale Intelligenz und effektive Kommunikation konzentrieren. Der Austausch mit anderen Führungskräften und die Reflexion über eigene Erfahrungen können ebenfalls wertvolle Erkenntnisse liefern. Eine gut ausgebildete Führungskraft ist besser gerüstet, um die Bedürfnisse ihrer Mitarbeiter zu erkennen und angemessen zu reagieren. Indem sie sich selbst weiterentwickeln, senden die Führungskräfte auch das Signal, dass Lernen und Wachstum im Unternehmen geschätzt werden.

Insgesamt ist die Rolle der Führungskräfte in der Mobbingprävention und der Schaffung einer respektvollen Unternehmenskultur von zentraler Bedeutung. Durch ihr Verhalten, ihre Kommunikationsweise und ihr Engagement können sie ein Umfeld schaffen, in dem Mitarbeiter sich sicher, geschätzt und respektiert fühlen. Indem sie als Vorbilder agieren, fördern sie nicht nur das Wohlbefinden ihrer Mitarbeiter, sondern tragen auch zur langfristigen Stabilität und Produktivität des gesamten Unternehmens bei.

Fazit

Kapitel 7 beleuchtet die Zukunft des Mobbings am Arbeitsplatz und bietet sowohl Trends als auch konkrete Handlungsempfehlungen für Unternehmen. Mobbing wird zunehmend als ernsthaftes Problem betrachtet, das sowohl individuelle als auch organisationale Auswirkungen hat. Die Veränderungen in der modernen Arbeitswelt, insbesondere durch Digitalisierung, Remote-Arbeit und den Fokus auf psychische Gesundheit, erfordern eine Neubewertung der Mobbing-Dynamiken und der Notwendigkeit effektiver Präventionsstrategien.

Ein wesentlicher Trend ist die wachsende Sichtbarkeit des Themas, unterstützt durch soziale Medien, die den Mitarbeitern ermöglichen, ihre Erfahrungen zu teilen und eine Kultur des Dialogs zu fördern. Unternehmen sind gefordert, proaktive Maßnahmen zur Prävention zu ergreifen, einschließlich Sensibilisierungsschulungen und Workshops. Technologische Ansätze, wie die Nutzung von Künstlicher Intelligenz zur Analyse von Kommunikationsmustern, können helfen, Mobbing frühzeitig zu erkennen, müssen jedoch ethisch und unter Berücksichtigung der Privatsphäre eingesetzt werden.

Die Zunahme von Remote-Arbeit hat die Wahrnehmung und Erfahrung von Mobbing verändert, was neue Ansätze zur Identifikation und Intervention notwendig macht. Zudem wird der Fokus auf die psychische Gesundheit der Mitarbeiter immer wichtiger. Unternehmen sollten Initiativen zur psychischen Gesundheit implementieren, um ein sicheres und unterstützendes Arbeitsumfeld zu schaffen.

Die Handlungsempfehlungen umfassen:

1. **Kultureller Wandel:** Etablierung einer respektvollen Unternehmenskultur durch klare Werte und das Vorbildverhalten der Führungskräfte.

2. **Regelmäßige Schulungen:** Umfassende und kontinuierliche Schulungsprogramme zur Sensibilisierung für Mobbing und Konfliktlösung.

3. **Offene Kommunikationskanäle:** Schaffung von Plattformen für den Austausch von Gedanken und Bedenken, einschließlich anonymen Feedback-Mechanismen.

4. **Klare Richtlinien:** Implementierung verständlicher Richtlinien zur Mobbingprävention und -intervention,

einschließlich eines transparenten Beschwerdeverfahrens.

5. **Unterstützung für Betroffene:** Bereitstellung von Unterstützung, wie psychologischer Beratung und Rückkehrmanagement für betroffene Mitarbeiter.

Führungskräfte spielen eine entscheidende Rolle in der Mobbingprävention, indem sie als Vorbilder agieren, offene Kommunikation fördern, empathisch handeln, Konflikte proaktiv angehen und sich kontinuierlich fort- und weiterbilden.

Zusammenfassend ist die langfristige Vermeidung von Mobbing am Arbeitsplatz eine komplexe Aufgabe, die ein ganzheitliches Konzept erfordert. Unternehmen müssen sich an die sich wandelnden Rahmenbedingungen anpassen und innovative Lösungen entwickeln, um ein respektvolles und unterstützendes Arbeitsumfeld zu gewährleisten, in dem Mobbing keinen Platz hat.

Schlusswort

Im Kontext der modernen Arbeitswelt hat das Thema Mobbing an Bedeutung gewonnen und stellt eine ernsthafte Herausforderung für Unternehmen, Führungskräfte und Mitarbeiter dar. Die vorangegangenen Kapitel haben die komplexen Facetten von Mobbing, die damit verbundenen Auswirkungen auf die Betroffenen sowie die erheblichen Kosten für Unternehmen beleuchtet. Es wurde deutlich, dass Mobbing nicht nur als individuelles Problem betrachtet werden kann, sondern tiefgreifende Auswirkungen auf das gesamte Betriebsklima und die wirtschaftliche Leistungsfähigkeit einer Organisation hat.

Zusammenfassung der Hauptpunkte

Die Analyse hat gezeigt, dass Mobbing ein vielschichtiges Phänomen ist, das sowohl individuelle, soziale als auch organisationale Faktoren umfasst. Die verschiedenen Phasen von Mobbing – von der Provokation über die Eskalation bis hin zur Intervention und Aufarbeitung – verdeutlichen, wie wichtig es ist, frühzeitig zu handeln. Die erörterten Fallstudien und Best Practices belegen, dass Unternehmen durch gezielte Schulungsprogramme, die Etablierung einer klaren Null-Toleranz-Politik und die Förderung eines offenen Dialogs erfolgreich Mobbingprävention betreiben können.

Des Weiteren wurde aufgezeigt, dass die psychischen und physischen Auswirkungen von Mobbing für die Betroffenen gravierend sind und nicht nur die individuelle Gesundheit beeinträchtigen, sondern auch die Produktivität und Innovationskraft des gesamten Unternehmens gefährden. Die finanziellen Kosten, sowohl direkt als auch indirekt, können existenzielle Dimensionen annehmen und sollten daher ernst genommen werden.

Aufruf zur Aktion

Um Mobbing im Unternehmenskontext wirksam zu begegnen, ist es unerlässlich, dass Unternehmen präventive und interventionistische Maßnahmen ergreifen. Ein respektvolles, unterstützendes Arbeitsumfeld zu schaffen, in dem Mitarbeiter sich sicher fühlen, ihre Bedenken zu äußern, sollte oberste Priorität haben. Unternehmen sind gefordert, eine Kultur zu fördern, die auf Respekt, Offenheit und Zusammenarbeit basiert. Dies beginnt bei der Führungsebene und muss sich durch das gesamte Unternehmen ziehen.

Führungskräfte sollten als Vorbilder agieren, die die festgelegten Werte aktiv leben und die Bedeutung von Respekt und Empathie in den Mittelpunkt ihrer

Interaktionen stellen. Schulungen zur Sensibilisierung
für Mobbing sowie zur Stärkung der Kommunikations-
und Konfliktlösungsfähigkeiten sind entscheidend, um
allen Mitarbeitern die Werkzeuge an die Hand zu
geben, die sie benötigen, um Mobbing zu erkennen
und dagegen vorzugehen.

Unternehmen sollten zudem klare Richtlinien zur
Mobbingprävention implementieren und transparente
Beschwerdeverfahren einführen, die es den
Mitarbeitern ermöglichen, Vorfälle anonym und ohne
Angst vor Repressalien zu melden. Eine enge
Zusammenarbeit mit der HR-Abteilung und
regelmäßige Evaluierungen der Unternehmenskultur
sind ebenfalls notwendig, um sicherzustellen, dass
Mobbing nicht toleriert wird und die Mitarbeiter sich
wohl fühlen.

Abschließend ist es wichtig, dass Unternehmen die
Verantwortung für das Wohlergehen ihrer Mitarbeiter
ernst nehmen. Die Schaffung eines respektvollen und
unterstützenden Arbeitsumfeldes ist nicht nur eine
ethische Verpflichtung, sondern auch eine
betriebswirtschaftliche Notwendigkeit. Denn letztlich
profitieren nicht nur die Mitarbeiter, sondern auch die
Unternehmen selbst von einem positiven
Arbeitsklima, das Innovation, Zufriedenheit und
langfristigen Erfolg fördert. Lassen Sie uns gemeinsam
für eine Arbeitswelt eintreten, in der Mobbing keinen

Platz hat und jeder Mitarbeiter die Wertschätzung und
den Respekt erhält, den er verdient.

Anhang

Ressourcen und Hilfsangebote:

1. **Beratungsstellen:**

   - **Bundesanstalt für Arbeitsschutz und Arbeitsmedizin (BAuA)**
     Website:www.baua.de
     Telefon: +49 (0) 231 9071-0

   - **Mobbingberatung Deutschland**
     Website:www.mobbingberatung.de
     Telefon: +49 (0) 800 622 6333

   - **Krisendienst der Telefonseelsorge**
     Website:www.telefonseelsorge.de
     Telefon: 0800 111 0 111 oder 0800 111 0 222 (kostenfrei)

2. **Literaturhinweise:**

   - Leymann, H. (1996). Mobbing: Psychoterror am Arbeitsplatz. 2. Auflage. Freiburg: Rowohlt.

   - Zapf, D. (2011). Mobbing am Arbeitsplatz: Ursachen, Auswirkungen und Maßnahmen. In: G. Klein (Hrsg.), Psychologie der Arbeit und der Organisation. Göttingen: Hogrefe.

o Einarsen, S., Hoel, H., Zapf, D., &
  Cooper, C. L. (2011). Bullying and
  Harassment in the Workplace:
  Developments in Theory, Research, and
  Practice. 2. Auflage. London: Taylor &
  Francis.

3. **Websites:**

   o **Aktion gegen Mobbing**
     Website:www.aktion-gegen-mobbing.de

   o **Mobbing-Portal**
     Website:www.mobbing-portal.de

   o **Deutsche Gesellschaft für
     Psychologie (DGPs)**
     Website:www.dgps.de

Glossar:

1. **Mobbing:**
   Mobbing bezeichnet systematische und wiederholte Angriffe auf eine Person über einen längeren Zeitraum hinweg. Diese Angriffe können verbal (z. B. durch beleidigende oder herabwürdigende Kommentare), nonverbal (z. B. durch ausgrenzendes Verhalten oder abwertende Gesten) oder sogar physisch (z. B. durch Drohungen oder körperliche Übergriffe) erfolgen. Mobbing hat gravierende Auswirkungen auf das psychische und physische Wohlbefinden der Betroffenen, führt häufig zu Angstzuständen, Depressionen und anderen gesundheitlichen Beschwerden und kann die soziale Integration sowie die berufliche Leistungsfähigkeit erheblich beeinträchtigen. Oftmals sind Mobbingopfer in einem Zustand der ständigen Anspannung und Unsicherheit, was langfristige psychische Schäden nach sich ziehen kann.

2. **Psychologischer Stress:**
   Psychologischer Stress ist der emotionale Druck, der durch negative Erfahrungen entsteht, wie sie bei Mobbing vorkommen. Dieser Stress kann sich in einer Vielzahl von

Symptomen äußern, darunter Schlafstörungen, Konzentrationsschwierigkeiten, körperliche Beschwerden wie Kopfschmerzen oder Magenprobleme und eine allgemeine Abnahme des Wohlbefindens. Langfristiger psychologischer Stress kann zu ernsthaften psychischen Erkrankungen führen, einschließlich Angststörungen und Depressionen, und die Lebensqualität der Betroffenen stark beeinträchtigen. Darüber hinaus können Stressreaktionen das Immunsystem schwächen und die Anfälligkeit für körperliche Erkrankungen erhöhen.

3. **Unternehmenskultur:**
   Die Unternehmenskultur umfasst die Werte, Normen, Überzeugungen und Verhaltensweisen, die das soziale und psychologische Umfeld eines Unternehmens prägen. Sie beeinflusst, wie Mitarbeiter miteinander interagieren, wie Entscheidungen getroffen werden und wie Konflikte gelöst werden. Eine positive Unternehmenskultur fördert Zusammenarbeit, Respekt und Wertschätzung, während eine negative Kultur Mobbing und andere schädliche Verhaltensweisen begünstigen kann. Die Unternehmenskultur wird durch das Verhalten

der Führungskräfte, die
Kommunikationsstrukturen und die
allgemeinen Arbeitsbedingungen geformt und
kann durch gezielte Maßnahmen wie
Teambuilding und Schulungen aktiv gestaltet
werden.

4. **Null-Toleranz-Politik:**
    Eine Null-Toleranz-Politik ist eine klare
    Richtlinie, die besagt, dass Mobbing in
    jeglicher Form nicht toleriert wird. Dies
    bedeutet, dass alle Vorfälle von Mobbing ernst
    genommen werden und entsprechende
    Konsequenzen für die Täter folgen. Diese
    Politik dient dazu, ein sicheres und
    respektvolles Arbeitsumfeld zu schaffen und zu
    erhalten, in dem Mitarbeiter sich frei und
    geschützt fühlen. Die Implementierung einer
    Null-Toleranz-Politik erfordert Schulungen,
    klare Kommunikation der Richtlinien sowie
    konsequentes Handeln bei Verstößen. Es ist
    wichtig, dass diese Politik von allen
    Führungskräften unterstützt und vorgelebt
    wird, um Glaubwürdigkeit zu erlangen.

5. **Peer-Support-Programme:**
    Peer-Support-Programme sind strukturierte
    Unterstützungsangebote, in denen Mitarbeiter
    sich gegenseitig helfen und ihre Erfahrungen

austauschen können. Diese Programme bieten eine Plattform für den offenen Dialog über Mobbing und andere belastende Themen und fördern die Solidarität innerhalb der Belegschaft. Peer-Support kann in Form von Mentoring, Selbsthilfegruppen oder informellen Netzwerken erfolgen, in denen Mitarbeiter Unterstützung finden und Ressourcen austauschen können. Solche Programme tragen dazu bei, ein Gefühl der Gemeinschaft und des Vertrauens zu schaffen und die Resilienz der Mitarbeiter zu stärken. Sie können auch dazu beitragen, ein Bewusstsein für Mobbing zu schaffen und den Austausch über Lösungen zu fördern.

6. **Isolation:**

Isolation beschreibt den Zustand, in dem eine Person von sozialen Interaktionen und Unterstützungssystemen ausgeschlossen wird. Im Kontext von Mobbing erleben Opfer häufig soziale Isolation, was ihre psychische Belastung verstärkt und den Zugang zu notwendigen Ressourcen zur Bewältigung der Situation erschwert. Isolation kann sowohl physischer Natur sein (z. B. durch Ausschluss von Gruppengesprächen) als auch emotionaler Art (z. B. durch das Gefühl, dass niemand die

Erfahrungen des Opfers versteht oder ernstnimmt). Die Isolation kann auch zu einem Verlust des Selbstwertgefühls führen und die Fähigkeit zur sozialen Interaktion weiter beeinträchtigen.

7. **Gerüchte:**

Gerüchte sind unbestätigte Informationen oder Behauptungen, die über eine Person verbreitet werden. Im Mobbingkontext können Gerüchte verwendet werden, um den Ruf des Opfers zu schädigen, es zu isolieren oder dessen soziale Beziehungen zu untergraben. Die Verbreitung von Gerüchten kann schwerwiegende psychologische Auswirkungen auf die Betroffenen haben und deren Selbstwertgefühl und psychische Gesundheit erheblich beeinträchtigen. Gerüchte können auch das Arbeitsklima insgesamt negativ beeinflussen und das Vertrauen zwischen Mitarbeitern untergraben.

8. **Führungsstil:**

Der Führungsstil beschreibt die Art und Weise, wie Führungskräfte ihre Mitarbeiter leiten und mit ihnen interagieren. Unterschiedliche Führungsstile (z. B. autoritär, kooperativ, laissez-faire) können erhebliche Auswirkungen auf das Arbeitsumfeld und die

Unternehmenskultur haben. Ein unterstützender und respektvoller Führungsstil fördert ein positives Arbeitsklima und kann Mobbing entgegenwirken, während ein autoritärer oder despotischer Führungsstil Mobbing begünstigen kann, indem er ein Klima der Angst und Unsicherheit schafft. Ein partizipativer Führungsstil, der die Meinungen und Bedürfnisse der Mitarbeiter berücksichtigt, kann die Mitarbeiterzufriedenheit und -bindung erhöhen.

9. **Intervention:**
Intervention bezieht sich auf Maßnahmen, die ergriffen werden, um Mobbing zu erkennen, zu verhindern und zu stoppen. Diese können von der Unterstützung der Betroffenen über die Sensibilisierung der Mitarbeiter bis hin zur Implementierung klarer Richtlinien gegen Mobbing reichen. Eine effektive Intervention erfordert das Engagement der Führungskräfte, eine offene Kommunikation über das Thema und die Implementierung von Schulungsmaßnahmen zur Schaffung eines respektvollen Arbeitsumfeldes. Interventionen können auch präventive Maßnahmen umfassen, die darauf abzielen, Mobbing bereits

im Vorfeld zu verhindern, etwa durch Workshops zur sozialen Kompetenz.

10. **Resilienz:**

Resilienz beschreibt die Fähigkeit eines Individuums, sich von belastenden Erfahrungen, wie Mobbing, zu erholen und trotz widriger Umstände funktionsfähig zu bleiben. Resiliente Personen verfügen über Strategien zur Stressbewältigung, haben ein starkes Selbstwertgefühl und können soziale Unterstützung mobilisieren. Die Förderung von Resilienz in der Belegschaft ist entscheidend, um die negativen Auswirkungen von Mobbing zu minimieren und ein gesundes Arbeitsumfeld zu gewährleisten. Resilienz kann durch Schulungen, Coaching und den Aufbau eines unterstützenden sozialen Netzwerks innerhalb des Unternehmens gestärkt werden.

Literaturverzeichnis:

1. Einarsen, S., Hoel, H., Zapf, D., & Cooper, C. L. (2011). *Bullying and Harassment in the Workplace: Developments in Theory, Research, and Practice.* 2. Auflage. London: Taylor & Francis.

2. Leymann, H. (1996). *Mobbing: Psychoterror am Arbeitsplatz.* 2. Auflage. Freiburg: Rowohlt.

3. Zapf, D. (2011). Mobbing am Arbeitsplatz: Ursachen, Auswirkungen und Maßnahmen. In G. Klein (Hrsg.), *Psychologie der Arbeit und der Organisation.* Göttingen: Hogrefe.

4. Bundesanstalt für Arbeitsschutz und Arbeitsmedizin (BAuA). (2023). Mobbing und Gewalt am Arbeitsplatz. Abgerufen vonwww.baua.de.

5. Mobbingberatung Deutschland. (2023). Unterstützung für Betroffene. Abgerufen vonwww.mobbingberatung.de.

Quellenangaben:

- Einarsen, S. et al. (2011). *Bullying and Harassment in the Workplace.*

- Leymann, H. (1996). *Mobbing: Psychoterror am Arbeitsplatz.*

- Zapf, D. (2011). In Klein, G. (Hrsg.), *Psychologie der Arbeit und der Organisation.*

- BAuA (2023). Mobbing und Gewalt am Arbeitsplatz. Abgerufen vonwww.baua.de.

- Mobbingberatung Deutschland (2023). Abgerufen vonwww.mobbingberatung.de.

Diese Ressourcen bieten Unterstützung und Informationen für Unternehmen und Betroffene, um Mobbing am Arbeitsplatz zu erkennen, zu verhindern und zu bekämpfen.